MW00438722

Colección
Serie Miguel Guerra Mondragón

El monstruo

Manuel Zeno Gandía
(1855-1930)

El monstruo
(1878)

VII

Editorial Tiempo Nuevo

El monstruo (1878)
Primera edición en Puerto Rico: septiembre de 2008
Segunda edición en Puerto Rico: agosto de 2015

© 2015, Miguel Ángel Náter
Ⓡ 2015, Miguel Ángel Náter

© Editorial Tiempo Nuevo
PO Box 368065
San Juan, Puerto Rico 00936-8065
Tel. 787.317.8435

www.editorialtiemponuevo.net
etiemponuevo@gmail.com

ISBN: 978-1517130961

Editor: José Luis Figueroa

Hecho en Puerto Rico

Índice

Serie Miguel Guerra Mondragón
Presentación

> "Yo me atrevería a asegurar, sin temor a
> equivocarme, que la mejor parte de la
> producción intelectual nativa no está en los
> libros publicados, sino en las páginas de los
> diarios y las revistas."
>
> *Insularismo* (1934)
> **Antonio S. Pedreira**

Nos place presentar al público en general la *Serie de Literatura en Puerto Rico*, dedicada al ensayista, traductor de Oscar Wilde, Miguel Guerra Mondragón (San Juan, 1880-1947), uno de los promotores más importantes de los cambios de la poesía en Puerto Rico durante las primeras décadas del siglo XX. Esta colección pretende honrar la memoria del escritor y divulgar literatura desarrollada en Puerto Rico, sobre todo textos que se publicaron en periódicos y revistas.

Honramos, a su vez, la memoria de Antonio S. Pedreira, a quien hemos adoptado como timonel una vez más, pero esta vez para escuchar unas palabras muy significativas que nos han invitado a emprender investigaciones que revelan una fisonomía muy diferente de la literatura en Puerto Rico durante las últimas décadas del siglo XIX y las primeras del siglo XX.

Invitamos a los estudiantes de Estudios Hispánicos (subgraduados y graduados) y al público en general a participar en este proyecto. Estamos seguros de que al leer la serie tendrán una visión más amplia y abarcadora de la literatura en Puerto Rico.

En este número VII, incluimos la segunda edición de la novela *El monstruo*, de Manuel Zeno Gandía. Se han corregido en el texto algunas erratas involuntarias de la primera edición, así como se ha ampliado la introducción.

M. A. N.

La reivindicación de la monstruosidad en *El monstruo*, de Manuel Zeno Gandía

El monstruo, novela inédita[1] de Manuel Zeno Gandía (1855-1930), podría considerarse como una obra de transición entre los postulados del romanticismo y la estética que desarrollaron el realismo y el naturalismo. En ella, Zeno Gandía critica la cosmovisión del positivismo y su idea de la ciencia entendida como dominadora de la naturaleza. Cuestiona los planteamientos de la fisiognómica, derivada, a su vez, del platonismo de la estética clásica y medieval[2], en el cual la belleza física implicaba la verdad y el bien.

La naturaleza asume los planos importantes en esta narración. Por un lado, se la observa como

---

[1] *El monstruo*, una de las novelas inéditas de Manuel Zeno Gandía (1855-1930), escrita en 1878, quedó sin publicarse durante mucho tiempo. No hemos observado que se haya publicado en periódicos o revistas durante el siglo XIX. La primera edición se debió a la Editorial Tiempo Nuevo (2008) bajo la Biblioteca Manuel Zeno Gandía. Ahora hemos corregido el texto, depurándolo de algunas erratas involuntarias y anexando notas para esclarecer diversos asuntos. La introducción se ha ampliado para exponer una tradición más abarcadora del tema de lo monstruoso en la cual se inserta la breve novela de Zeno Gandía.
[2] Ver, Carlos Valentini, "Cristianos y sarracenos: la representación de la monstruosidad en *La canción de Rolando*", en Elisabeth Caballero (comp.), *Monstruos y maravillas en las literaturas latina y medieval y sus lecturas*, Rosario, Homos Sapiens, 2006; p. 316.

el origen de la infelicidad del matrimonio joven, Juan Daroca –cuyo apellido apunta a la dureza de su carácter– y María Santos –cuyos nombre y apellido anuncian la sublime acción de la Mater Dolorosa–.[3] Por otro lado, implica las reglas de la estética clasicista a las cuales no se ajusta el hijo deforme de ambos. En ese sentido, la naturaleza es una forma de enemigo del ser humano, al negar el hijo que significa la felicidad del matrimonio.

A su vez, Zeno Gandía amplía ese cuestionamiento en la crítica al romanticismo que aspira al ideal. Se percibe la ironía en el momento en que se hace realidad el ideal en el segundo capítulo de la novela. La monstruosidad del niño despoja del aura a la idealidad, el objeto del deseo (el niño hermoso) que la naturaleza había negado. De ese modo, Zeno Gandía está declarando una abierta oposición a la imaginación romántica que convierte el mundo en un paraíso. La naturaleza que ha ofrecido el hijo deja de ser, tras la monstruosidad del niño, promotora de la felicidad. (En la literatura hispanoamericana, Horacio Quiroga desarrollará una situación similar en el cuento "La gallina degollada", con una morbosidad mayor, claro está, derivada de la oposición

---

[3] Debo el vínculo con la Mater Dolorosa al doctor Emilio Ricardo Báez Rivera.

entre los hijos "anormales" y la hermosa criatura a la cual metamorfosean en sus imaginaciones deformantes en una gallina que debe ser sacrificada. Los padres se transformarán, poco a poco, en monstruos psíquicos derivados de la monstruosidad indeseada de sus hijos. En *El obsceno pájaro de la noche*, de José Donoso, por su parte, las concepciones básicas de la estética clásica darán paso a la monstruosidad considerada como norma. En ese sentido, la belleza clásica ocupará el lugar periférico y obsceno[4] que debería tener la monstruosidad).

En *El monstruo*, el proceso de esa metamorfosis se declara abiertamente en los primeros párrafos del segundo capítulo: "Pasaron los días y los meses y al fin la naturaleza dio su primer grito". Ese grito es emblema del nefasto *portentum*. Cabe destacar aquí la acepción de la monstruosidad entendida en la Antigüedad como un mensaje de los dioses, afiliada al verbo *monstrare*, que implica, más que "mostrar", "enseñar una conducta". En ese sentido, se entiende como una advertencia.[5]

---

[4] Obsceno en el sentido antiguo de aquello que debe estar fuera de la escena. Ver, Miguel Ángel Náter, *José Donoso: Entre la Esfinge y la Quimera*, Santiago de Chile: Cuarto Propio, 2008; p. 310.

[5] Ver, Eleonora Tola, "Monstruosidad y metamorfosis en el Edipo de Séneca", en Elisabeth Caballero (comp.), *Monstruos y maravillas en las literaturas latina y medieval y sus lecturas*, Rosario, Homos Sapiens, 2006; p. 175.

Ahora bien, la monstruosidad física de Claudio hace aparecer la monstruosidad espiritual de su padre. Si bien *monstrum* se aplica, también, al carácter moral, es decir, criminal, puede referirse a la heterogeneidad del sentimiento y de la personalidad humana: "Cabe recordar que la idea de heterogeneidad es justamente uno de los rasgos que caracterizan la noción de *monstrum* en la antigüedad romana, puesto que lo heterogéneo representa algo contrario a la armonía propia de la naturaleza".[6] En esta novela breve de Zeno Gandía, asistimos a las metamorfosis de Juan en un monstruo espiritual al enfrentarse a la monstruosidad física de su hijo, evidente deformación del ideal clásico.

Juan y María habían estado esperando un hijo, lo cual el narrador describe como la búsqueda de un sueño o de una quimera, obvia alusión a una de las ideas más importantes del romanticismo. Al enfrentarse con los designios de la naturaleza, la madre persiste en el amor hacia su hijo, pero el padre se sume en el rechazo incondicional. El médico, Gedeón Haro, dado el interés por los portentos de la naturaleza, se encariña con el niño y representa dentro de la obra la oposición a la fisiognómica y al platonismo, que bien encarna Juan. A pesar de que

---

[6] *Ibíd.*; p. 176.

en la novela el autor implícito parece criticar el rol de la ciencia entendida como dominadora de la naturaleza, el médico asume una actitud que convierte su disciplina y su educación en una forma de superar la ignorancia y la ausencia de amor en el padre. Esa ausencia de amor se deriva de la estética clásica a la cual responde la comunidad en la cual se desarrollan los acontecimientos. La pauta de esa estética arranca, en buena medida, de la *Epístola a los Pisones*, en la cual Horacio (s. I. a. C.) condenaba lo grotesco, que colinda con lo monstruoso. Es relevante que la idea de la *concinnitas* que León Battista Alberti, en el Renacimiento, recupera de los *Diez libros de arquitectura*, del arquitecto romano Vitruvio (de finales de la Antigüedad y principios de la era moderna), implica la racionalidad como regla para la creación sobre la base de la armonía. La *concinnitas* es, en gran medida, oposición a la deformidad y a lo grotesco, base este último del arte en la modulación barroca. Sin embargo, de esta idea formal y visual, en la nueva oposición que implicó – hasta cierto punto– una similar pugna entre el clasicismo y el romanticismo (con sus modulaciones góticas), se pasa a la monstruosidad espiritual, tomada como base de los sujetos privilegiados. Tales son los casos de monstruosidades como Franken-stein (el doctor), en la novela de Mary Shelley, de las pugnas entre Dr. Jekyll y Mr. Hide, en la novela homónima de Robert Stevenson, de personajes como el protagonista del cuento de Edgar Allan Poe titulado "Berenice", de las personalidades de sujetos como los protagonistas de *El doble* y *Memorias del subsuelo*, ambas de Fedor Mijailovich Dostoievski, o como los personajes del decadentismo que encarna el protagonista en *Contra natura*, de Karl Joris Huysmans. Uno de los rasgos distintivos de estos sujetos es la monstruosidad a partir, sobre todo, de una desviación de la norma o de alguna enfermedad psíquica o monomanía que los lleva al crimen.

La crítica a la ciencia, sobre todo a la medicina, se observa en *El monstruo* de dos maneras diferentes. Por un lado, el autor implícito resalta a través del narrador una crítica positiva que busca promover la forma de encaminarla hacia el descubrimiento de los misterios de la naturaleza, lo cual permita la solución de muchos de los problemas humanos. Por otro lado, la ciencia resulta incapaz, como se encuentra en esos momentos, de alumbrar las oscuridades de la naturaleza. Esa imagen de la luz es sumamente importante en la obra, pues está afiliada al discurso ilustrado. En relación con los fenómenos de la naturaleza, como es el caso de Claudio, es menester encontrar una forma de adaptarlo a la vida "normal":

> En esos percances inevitables e incons-
> cientes por parte del hombre [...] la ciencia
> ha procurado poner su providente mano...
> ¡Inútil empeño! La teratología laboriosa
> recibe en sus brazos y clasifica a los
> *unitarios* y a los *dobles*; conoce a los
> autósitos, a los *onfalócitos*, a los *parásitos* y
> también a los *autositarios y* parasitarios.
> Todos nacen destinados a morir o destinados
> a ocupar el puesto de los desheredados...

Como se nota, el médico es, en esta obra, un
personaje sumamente importante. Su mirada y
conmiseración, como en la novela decimonónica en
general, será de capital importancia para exponer
el discurso del autor implícito entendido como
oposición a la estética tradicional y clásica que, como
elemento de coacción, excluye lo monstruoso. No
obstante, la lucha contra esa estética atraviesa toda
la novela, pues el padre permanece indiferente ante
su criatura. Esa indiferencia coincide con la impotencia de la ciencia, con la ausencia de conocimiento
que se expone muy bien, desde la perspectiva
ilustrada, en la paradójica ciencia, la cual, siendo
luminosa, camina a oscura. De ahí, el lenguaje médico
resulta un laberinto en el cual se pierde la esperanza,
sobre todo de Juan. La descripción del doctor pretende ser precisa; sin embargo, resulta una deformación en la mente del padre y hasta del lector. Se

trata de la precisión médica metamorfoseada en una incertidumbre que causa la desesperación del padre: "No creáis por eso que vais a encontrar una heterotáxia o hemiteria, no; su génesis ha sido más benévola con él al engendrarlo compatible con la vida. Veréis en él una monooftalmia, un leporino, una cíforis y una macrocefalia, hasta generosidad ha habido puesto que encontraréis en él órganos excedentes [...]". Es inevitable que, ante la descripción, el lector desprovisto del conocimiento médico, tanto como el padre, se encuentren ante una deformación de la realidad más desesperante que la realidad misma, una realidad monstruosa por desconocida.

Ante tal descripción y, más aún, ante la naturaleza que ofrecen los sentidos, la actitud inicial del matrimonio tras un ideal se transforma en una caída al encontrarse con la realidad. La visión de la naturaleza tal como es, monstruosa para los sentidos, hace desvanecer la idealidad: "Al contemplarle Juan quedó como petrificado; su semblante se inmutó, su corazón dio un volteo icástico[7] y una crispadura dolorosa embargó todos sus miembros". Esa mirada

---

[7] En la transcripción para la primera edición de esta novela (Náter, Tiempo Nuevo, 2008), se colocó la palabra "icárico", lo cual llevó desacertadamente al mito de Ícaro. Sin embargo, la palabra que corresponde es "icástico", cuyo significado es "normal, sin disfraz ni adorno".

inicial muestra el encuentro de dos monstruosidades: la monstruosidad corporal del hijo y la monstruosidad espiritual del padre que rechaza a su propio hijo. Se trata, en el caso del padre, del ser humano privado de la *ratio* o de la razón –cercana a la locura–, un ser anímicamente anormal y psíquicamente deforme[8], que implica, a su vez, la pérdida de la propia identidad como padre. El peligro de la pérdida de la propia identidad es una de las características de lo monstruoso, acorde con alguna manifestación que exceda el orden moral propio de la naturaleza o de la norma religiosa establecida. Por otro lado, lo monstruoso se vincula con lo ambivalente.[9] En este caso, la anomalía surge de la actitud de Juan, opuesta a su deber como padre.

Cerca del naturalismo, ya se nota en esta novela el interés del médico por el organismo enfermo o defectuoso. No obstante, el doctor Haro se encariña con el niño y lo estudia hasta descubrir en él todo lo contrario de los sentimientos inhumanos del padre. Bien es cierto que esto aleja esta novela de Zeno

---

[8] Ver, Lía Galán, "Los monstruos de *Fedra* de Séneca", en Elisabeth Caballero (comp.), *Monstruos y maravillas en las literaturas latina y medieval y sus lecturas*, Rosario, Homos Sapiens, 2006; p. 165.
[9] Ver, Liliana Pégolo *et al.*, "Revisión del concepto de lo monstruoso en los *Commentarii* de Servio a la *Eneida* de Virgilio", en Elisabeth Caballero (comp.), *Monstruos y maravillas en las literaturas latina y medieval y sus lecturas*, Rosario, Homos Sapiens, 2006; p. 133.

Gandía del naturalismo, pues no sigue la tendencia del determinismo biológico o ambiental ni la tara hereditaria. El defectuoso organismo se encuentra en función de resaltar el defectuoso espíritu del padre. La naturaleza provee al niño, monstruoso físicamente, una espiritualidad particular, cercana al alma romántica. Claudio es prácticamente un niño prodigio. Aprende rápidamente y su carácter es melancólico y triste. Con gran aptitud para la escultura, muestra en ese ejercicio una semiótica de sí mismo: primero talla objetos informes y luego figuras más acabadas.

En otro lugar hemos afirmado que *El monstruo* se afilia a *La Bella y la Bestia* (1750), de Jeane Le Prince de Beaumont (1711-1780), al cuestionar la fisiognómica mediante el amor de un joven deforme en cuyo corazón nace el amor y en cuyo cuerpo grotesco se encierra un espíritu digno de él; mientras el joven físicamente hermoso, Mauricio, alberga en su corazón y en sus actos la maldad.[10] A esa alusión podemos anexar la *coincidentia oppositorum* o unión de los opuestos, que Luis de Góngora (1561-1627), siguiendo los *Idilios* de Teócrito (310-260 a. C.),

---

[10] Miguel Ángel Náter, "Introducción", en Manuel Zeno Gandía, *Obras dramáticas inéditas*, San Juan, Editorial Tiempo Nuevo, 2006; p. 11.

trabaja en su Polifemo en la *Fábula de Polifemo y Galatea* (1613), cuya monstruosidad física se une a su alma bondadosa, metamorfoseada por el amor, y también la pugna en el alma de Cuasimodo (el jorobado de Notre Dame) enamorado de la bella gitana Esmeralda en la extensa novela titulada *Notre Dame de Paris* (1831), de Victor Hugo (1802-1885). Algo de esto se encuentra, también, en *Marianela* (1878) de Benito Pérez Galdós.(1843-1920), y en *Cyrano de Bergerac* (1897), obra dramática del francés Edmond Rostand (1868-1918), basada en la vida del dramaturgo francés neoclásico Cyrano de Bergerac (1619-1655), cuya monstruosa nariz contrasta con su elevado espíritu que logra aflorar en las cartas que escribe para Christian, el enamorado de Roxane, la prima de Cyrano, a quien este también ama en secreto. Esas cartas hacen que Roxane afirme a Christian que lo amaría aunque fuese desagradable físicamente.

En *El monstruo*, las palabras del médico al padre muestran esa crítica que destacamos:

> ¿Se ha creído usted sin duda que la moral corresponde al físico? Pues bien: vive usted equivocado. Sépalo usted, Claudio es un tesoro, un tesoro que debiera llenarle de orgullo y vanidad. Encierra en sí algo que vele más, infinitamente más y que usted no comprende.

> ¿No es esto preferible a lo contrario?
> Lucrecia Borgia llena de belleza guardaba
> escondida el agua Tofana; una laguna la
> vemos serena y poética y quizás oculta el
> miasma venenoso.

Las características espirituales del monstruo
contrastan con su deformidad. La naturaleza le
ha obsequiado un alma exageradamente
bondadosa y una propensión monstruosa para el
amor, de tal manera que terminará siendo un
doble inverso de su padre:

> El afecto y la ternura paternales están
> extraordinariamente desarrollados en
> vuestro hijo; la propensión a acariciar y a
> estar en compañía de toda criatura débil y
> tierna, está perfectamente evidenciada
> aquí. [...] Vuestro hijo es bondadoso,
> caritativo, será idólatra del bien, se
> sacrificará por lo que ame y notad don Juan,
> lo que os voy a decir: la cranescopía me in-
> dica claramente que esta caricatura como
> voz decís, os ama, sí; os ama ciegamente.

Así, también, Mauricio, el prometido de Ana, es
hermoso físicamente, pero monstruoso por dentro,
como se nota por las cartas de Valentina dirigidas a
Ana. Como lo destaca el narrador, estaba
perfectamente hecho según los parámetros y las

exigencias de la época: "Mordaz, cruel, descreído, nada había para él respetable y venidero. [...] Mucha belleza física, pero lodo en el alma".

Es precisamente el monstruoso amor, que dirige, también, la insensatez hacia el ideal de la belleza, lo que lleva a Claudio hacia un final trágico, al enamorarse platónicamente de Ana. Este Efraín deforme se prenda de esta nueva María, emparentada, también, con el lenguaje de las flores, como se observa en el idilio de la famosa novela *María* (1867) del colombiano Jorge Isaacs (1837-1895), y en el final del capítulo IV de la novela que nos ocupa. Ana, al igual que María, se vincula con la seducción a través del lenguaje de las flores.

Claudio responde, sin embargo, con la evasión, pues está consciente de la distancia entre ambos. Sin embargo, la asedia, como monstruosidad al fin, y urde un lenguaje de signos que responden a su empresa. Según Roxana Nanedic, lo más inquietante de los monstruos es su resistencia a permanecer aislados y la osadía de vivir entre los seres "normales".[11] Este es uno de los aspectos de la monstruosidad que más caracteriza al personaje de Zeno

---

[11] Ver, Roxana Nanedic, "Monstruo no se nace. Monstruosidad y conocimiento en la *Apología* de Apuleyo", en Elisabeth Caballero (comp.), *Monstruos y maravillas en las literaturas latina y medieval y sus lecturas*, Rosario, Homos Sapiens, 2006; p. 185.

Gandía que nos ocupa. A su vez, la literatura (el libro de memorias) le sirve como gruta, como claustro en el cual esconder su monstruosidad: "¿Sería tal vez alguna *monstruosa pasión* que le dominaba? ¿Alguna maquinación *horrible* y criminal le absorbía?". Resulta interesante cómo el narrador se posiciona como confidente del "lector", del narratario, al irrumpir en el libro de Claudio; de igual forma irrumpen en el alma del monstruo. En ese descenso al infierno del amante, la fealdad física encubre la belleza: "¿Era Claudio poeta?... No es extraño, dicen que la poesía es un producto patológico, como la perla". La naturaleza vuelve a tomar importancia en este aspecto. El amor se compara con una planta de bellos colores que puede llevar en sus ovarios el veneno de la existencia, sobre todo en aquellos que se verán imposibilitados de amar: "De su tosca vestidura anatómica, del conjunto de fealdades de su cuerpo, brotó, como en una roca el hongo, como en un muro el musgo, como en unas ruinas la parietaria". El descubrimiento de esa planta se concibe en la narración como un hallazgo en el libro del ser, como una forma del socrático "conócete a ti mismo": "Conocía a Ana desde hacía tiempo y vino a conocerse a sí mismo, vino a leer en el libro de su alma cuando oyó decir que ella iba a pertenecer a otro, que iba a ser la esposa de Mauricio".

Una de las características más conmovedoras de Claudio es la conciencia de su propia monstruosidad, como en el monstruo de Frankenstein, como en Cuasimodo. A pesar de tener un solo ojo y una fealdad excesiva, no actúa como el famoso cíclope Polifemo, que Góngora describe en la *Fábula de Polifemo y Galatea*, quien presume de sus atributos físicos, de sus riquezas y de su elegancia, llegando a describirse como un nuevo Narciso. La risa, la humillación, se convierten en óbice de la conciencia del monstruo en relación con la correspondencia del amor de Ana: "Sabía o creía que no lograría jamás hacerse amar de Ana. «Se reían…»" había escrito en sus memorias… Puede que no se equivocase". No obstante esa consciencia de Claudio, el amor lo lleva a pretender salvar las diferencias, y a pesar de que intenta refrenarlo, le resulta inútil. Ana, por su parte, no era la Bella; observaba a Claudio como un ser infeliz, entre la compasión y la burla.

En este punto, la novela de Zeno Gandía se resuelve súbitamente –quizás esta sea su mayor debilidad, su apariencia trunca– hacia un acto heroico de Claudio, en relación con el ruiseñor de Ana, con todo el simbolismo que tiene el pajarito en el romanticismo, vinculado con la inocencia. No obstante, resulta atinada la forma en que Claudio retarda la declaración amorosa. Sobre la corteza del árbol, como los antiguos amantes (pienso, sobre todo, en los *Idilios*, de Teócrito), va delineando la frase "Te amo", haciendo hablar a la naturaleza y creando la curiosidad en la joven, colocándola en la pugna característica del romanticismo entre la razón y el corazón: "El pobre monstruo se consolaba y hasta sentía orgullo en ser la preocupación de Ana, por más que esta misma lo ignorase. Él había logrado que meditase, que anhelase por su causa: ¿lograría que amase también por su causa?". El grito de Ana, como el grito inicial de la naturaleza, hace que Claudio, en el mismo intento por desprenderse de la rama que lo tiene atrapado, se transforme en otra monstruosidad que corresponde al terror de ser observado:

> Claudio oyó aquel grito, volvió la cabeza vivamente, comprendió que había sido observado y por inexplicable fenómeno psicológico, se vio rápidamente más antipático a los ojos de su amada con una nueva deformidad y arrojó de sí el cuchillo, horrorizado de sí mismo.

Después de este acto, Claudio se enfrenta con una prueba superior: la del amor paterno. En el final de la novela, gracias al accidente, Juan dedica algunas horas a contemplar tristemente su engendro. El beso de Claudio en el delirio y la comprensión de las palabras que implicaban una burla de sí mismo, llevan al padre a reivindicar su monstruosidad: "Era su hijo y aquel desprecio caía sobre él; era su propia obra y algo instintivo le decía que era él mismo...".

En ese sentido, en esta novela de Zeno Gandía, el monstruo nos permite pensar los límites de la naturaleza, los desatinos de la interioridad humana en pugna con los constructos sociales y consigo mismo. La crudeza de la vida queda plasmada en *El monstruo* al exponer la realidad interior en el delirio frente a la realidad objetiva del desamparo que nos deparan la ausencia del amor, la soledad y la alteridad donde pugna la verdadera monstruosidad del ser humano.

Ya algunos críticos se han acercado, después de nosotros, al tema de la monstruosidad en la novela que nos ocupa. El sociólogo José Anazagasty plantea la pertinencia de *El monstruo* para el estudio de la monstruosidad y del cuerpo en la literatura puertorriqueña, aunque sea del cuerpo monstruoso. Partiendo de nuestras afirmaciones sobre la existencia en a obra de dos monstruosidades (corporal y espiritual), insiste en dirigir la mirada a Claudio, representante d la monstruosidad corporal y objeto del acercamiento organológico del doctor Gedeón

Haro: "La representación de Claudio realizada por el doctor está determinada por su interés y esfuerzo por racionalizar y normalizar la monstruosidad de Claudio mediante el discurso y conocimiento médico".[12] Su análisis se centra en los procesos por los cuales la mirada médica del doctor Haro entiende la corporeidad de Claudio no como un monstruo sino como un organismo enfermo. En otro escrito, Anazagasty analiza el tena de la naturaleza (bondadosa y maligna a la vez) y propone la posibilidad de disciplinarla, incluyendo el cuerpo monstruoso: "El cuerpo, monstruoso o no, es natural y disciplinarlo es disciplinar esa reina espléndida unas veces, despiadada otras".[13]

Ese análisis de la corporeidad y de la monstruosidad en *El monstruo* que presenta Anazagasty se gesta en la propuesta de Mario R. Cancel, quien se decanta por el interés en la figura del médico reivindicador y la noción particular de la monstruosidad a partir del pensamiento ilustrado:

---

[12] José Anazagasty, *"El Monstruo,* la organología y la visión universalista de la naturaleza", en línea, 28 de marzo de 2009.
[13] José Anazagasty, "La mueca epiléptica de una reina implacable: Manuel Zeno Gandía, *El Monstruo* y la feminización de la naturaleza", en línea, 2 de junio de 2009.

> Las referencias críticas y teóricas del prólogo de Náter se establecen sobre la idea del monstruo dominante en lo que denominamos la época clásica y el medioevo, momentos en que la razón y dios impusieron sus límites y especificidad a la idea de lo monstruoso. [...]
>
> Pero me parece que la era de la razón ilustrada y la de la ciencia resemantizan la noción de lo monstruoso de una manera radical que valdría la pena discutir con más profundidad. Un medio para ello sería mirar con detenimiento el papel que cumple el Dr. Gedeón Haro en la codificación de Claudio en esta narración.[14]

Esta lectura resulta interesante; sin embargo, no podemos olvidar el diálogo constante que establece Zeno Gandía con la tradición literaria y el eclecticismo que la novela desarrolla, además de las diferentes miradas y percepciones que definen el cuerpo de Claudio como un monstruo, incluso desde el mismo título de la novela. El cuestionamiento de la monstruosidad se establece precisamente a partir de la oposición entre la supuesta monstruosidad (corporal) de Claudio y las monstruosidades espirituales de Juan y Mauricio, no menos importantes para comprender el meollo de la obra.

---

[14] Mario R. Cancel, "Una lectura de *El Monstruo* de Manuel Zeno Gandía", en línea, 14 de mayo de 2009.

Más recientemente Malena Rodríguez Castro arriesga una lectura de la locura y la monstruosidad en la literatura puertorriqueña en un artículo incluido en el excelente libro *Escrituras en contrapunto* (2015). Aunque no atiende lo que antes se había escrito sobre la monstruosidad en relación con *El monstruo* de Zeno Gandía, esa novela sirve como punto de referencia para el desarrollo del tema en los inicios de la literatura escrita en Puerto Rico durante el siglo XIX. La lectura de Rodríguez Castro insiste en la pesquisa de un "cuerpo cultural" que se le presenta al joven escritor y médico que regresa a la Isla desde el modernizado continente europeo, del mismo modo que se enfrenta con los sujetos nacionales de las nuevas repúblicas de América. Siguiendo a Richard Rosa, propone leer en Zeno Gandía un prototipo de novela tropical caribeña en la cual se percibe un espacio subalterno respecto de la metrópolis.[15] A partir de esto, describe a Juan y María como criollos. Esta interpretación es cuestionable. Zeno

---

[15] Ver, Malena Rodríguez Castro, "De estigmas ciudadanos: locura y monstruosidad en la literatura puertorriqueña", Marta Aponte Alsina, Juan G. Gelpí y Malena Rodríguez Castro (eds.), *Escritos en contrapunto: Estudios y debates para una historia crítica de la literatura puertorriqueña*, San Juan, Editorial de la Universidad de Puerto Rico, 2015; p. 376.

Gandía inicia su trayectoria narrativa con poemas largos y relatos como *La corte del rey*, *Piccola* y *Rosa de mármol*, ambientados en Europa. En *El monstruo* no se especifica el país donde se desarrollan los acontecimientos; sin embargo, ese pueblo de B... y esa "capital de provincia", junto con la alusión a las gitanas que consulta María para saber sobre su posibilidad de ser madre, nos llevan a la coartada de que la acción de la novela no se desarrolla en Puerto Rico.

No obstante, los estudios publicados y reseñados que conocemos en estos momentos nos llenan de satisfacción al observar el interés de los críticos por la primera novela de Manuel Zeno Gandía.

Miguel Ángel Náter, Ph. D.
Catedrático
Departamento de Estudios Hispánicos
Director del Seminario Federico de Onís
Facultad de Humanidades
Recinto de Río Piedras
Universidad de Puerto Rico

El monstruo
(1878)

Manuel Zeno Gandía

Prólogo

Lector, muy buenos días.

Son las seis de la mañana de un hermoso día de primavera, acabo de dejar el lecho y sintiendo dilatados mis pulmones por el fresco airecillo matinal, tomo la pluma y comienzo a escribir este libro.

En tal concepto no te extrañará que te dé antes que nada los buenos días.

Dicen que la almohada es consecuente e inteligente consejera y que es tan capaz de inspirar a un bardo, como cualquiera de los grandiosos espectáculos de la naturaleza. ¡Cuántas veces reposando la frente en ella, hemos naufragado en medio de los insondables mares, o nos hemos asomado a los abismos del Chimborazo[16] o hemos penetrado en la encantada mansión de las madréporas y las perlas! O... en fin, que la almohada nos inspira muchas veces, es un hecho conocido y demostrado.

---

[16] El Chimborazo es el volcán más alto de Ecuador. Se sitúa en los Andes centrales cerca de Quito. Es la montaña más alejada del centro de la Tierra.

¿Creerás que estos capítulos que te ofrezco son dictados por mi almohada? Pues te equivocas, lector.

Si he notado la influencia que suele tener nuestra compañera en el lecho, ha sido precisamente para significarte lo contrario; esto es, que este libro no es producto de la meditación de una noche, sino el resultado del estudio de un problema.

Si nos dan una caja que se abre por medio de un resorte desconocido para nosotros, la hacernos dar mil vueltas entre los dedos, la miramos por todos sus lados, oprimimos todos sus contornos hasta que encontramos el buscado resorte y la abrimos.

Eso me ha pasado: me asaltó la idea, le he dado mil vueltas y revueltas en mi imaginación, no he hallado el resorte del problema y hoy me propongo encontrarlo contando, buen lector, con tu cooperación.

Tal vez preguntarás en el decurso de esta novela lo que aquel labriego en el corral de la cruz. ¿Cuándo sale el argumento? Pero advertirás al mismo tiempo que eso es precisamente lo que busco –argumentos.

Sí, no te quepa duda; argumentos en pro y en contra de mi tesis.

Hablando más gráficamente: he dejado mi trabajo a medio vestir, he dejado mi obra en mangas de camisa. Entre tú y yo acabaremos su tocado tomando las llaves de su guardarropía.

Voy a hacerte una recomendación. Es mejor que no enseñemos este libro a nuestras esposas, mejor dicho a la tuya, porque yo no la tengo. No te asustes por lo que te digo, ni un concepto, ni una palabra de las grabadas en estas páginas hallarás ofensiva al pudor. Mi idea es otra. Este libro pudiera llevar al corazón de las esposas y de las madres, desagradables zozobras, penosos temores y enojosas inquietudes.

Ellas, tan admirablemente organizadas para amar, temblarían por el ideal de su cariño.

Temerían, cada vez que la naturaleza les hiciera una promesa, por el amoroso fruto de bendición, y ya sabes cuán delicado y vidrioso es este estado en la mujer.

¿Me pasará a mí lo mismo?—exclamarán algunas. ¿Alojaré en mi seno un ser que llene de desencanto mi alma?

Y esta idea degenerando en preocupación, esta preocupación convirtiéndose en monomanía y esta monomanía dando origen al miedo, pudiera perturbar hondamente su bienestar y su tranquilidad.

Ya ves que está muy lejos esto de mi propósito.

Además, hablándote francamente, no escribo para ellas. La razón es obvia. Ellas, todas ellas, son positivamente de mi opinión. No te diré que *piensen* como yo, pero de fijo *sienten* mis opiniones. A ninguna se le ocurrirá imputarme falsedad; por el contrario muchas dirán: "Así procedería yo". "Mi corazón siente iguales impulsos" "¡Qué bien conoce el autor el corazón humano!"

En cambio, es muy probable que entre vosotros halle argumentadores. Vosotros podéis opinar, porque sentís menos.

He aquí, pues, la razón por la que escribo para vosotros, no para ellas.

Sería, pues, en mis manos inútil este libro, Leedlo a hurtadillas, en la soledad de vuestro escritorio, o cuando todos duermen en la casa.

Contando con vuestra promesa, pasamos adelante.

Capítulo I

Ideal realizado

Juan Daroca y María Santos se vieron, simpatizaron, se juraron eterno amor y, lo que nada tenía de extraño, se casaron ante el cura de la parroquia.

Juan Daroca tenía tierras y entendía mucho de labores del campo; María Santos llevó en dote al matrimonio una casa con algún ajuar y era hacendosa como la hormiga y trabajadora como la abeja.

Juan era alto, moreno, fornido, bien plantado como solemos decir; María era una buena moza en toda la extensión de la palabra. Cara redonda y expresiva, dilatado pecho, anchas caderas, movimientos ligeros y genio vivo.

El matrimonio de Juan y María era, pues, bajo todos conceptos muy igual.

En el pueblo, la gente decía el día de la boda:

—¡Felices ellos, ricos, guapos, contentos y queriéndose mucho!

Y algún otro exclamó:

—Los hijos vendrán a aumentar el encanto de ese matrimonio.

La luna de miel fue para ellos como todas las *lunas*. Amores, juramentos, protestas y, pasado algún tiempo, no ya luna de julio con sus ardores y brillo, sino luna de enero, fría, pálida, ojerosa.

Algún que otro celaje vino importuno a obscurecerla; pero el amor a más o menos tensión, siempre es amor y la nube se descorría y de nuevo lucían en el cielo de Juan y su mujer la paz y la ventura.

De ese modo pasó un año, luego otro y luego otro y así hasta cuatro.

¡Cuatro años! Y el hogar de Juan en nada había cambiado.

Todas las mañanas muy temprano dejaban el lecho; Juan emprendía su faena diaria, María se entregaba a los quehaceres de la casa.

Por la tarde volvía Juan, María afectuosa siempre, le aguardaba y la noche les sorprendía en diálogos íntimos.

Estas confidencias acababan siempre ocupándose de una misma cosa.

El hogar de Juan, estaba incompleto. Faltaba algo que llenara de encantos y alegría.

Faltaba la corona de rosas que lo inundase de perfumes, faltaban los hijos.

–María, –decía Juan– mañana se cumplen cuatro años de nuestra boda.

–Sí –contestaba tristemente María.

–Y yo te quiero tanto que parece que nada será capaz de entibiar mi dulce afecto.

–Yo vivo sólo para ti.

–Pero… ¡si tuviéramos un hijo…!

–¡Ah!... ¡un hijo…! ¡Qué felicidad debe ser tener un hijo!

–Sería muy lindo, ¿no es verdad? ¡Con qué placer lo tendríamos jugueteando en brazos, lo dormiríamos en nuestras rodillas y acariciaríamos sus rubios buclecitos!

–¿Rubios...?

–O morenos, ¿qué más da?

–Yo le pido al cielo una niña. La mujer ayuda más a la madre/

–Pero el hijo trabaja para ella y la sustenta.

–La llamaríamos Juana o María o…

–No, mejor sería Alberto o Ángel… un nombre que suene, mujer; hay tantos Pedros y Pablos.

–Yo la vestiría los domingos con sus tiernas galitas y apenas si irías tú orgulloso llevándola de la manita a misa.

–Sí… ¡Qué placer! *Lo* pondríamos a la escuela, aprendería muy pronto y… ¡Qué talento tendría!, ¿verdad?

María bajaba la cabeza, torcía y retorcía las puntas del delantal y dejaba escapar una lágrima gruesa como un garbanzo.

Juan le enjugaba con un beso y de nuevo una sonrisa y una esperanza brillaban en el semblante de su esposa.

Y de este modo un día y otro y otro... y aquel hogar sin armonía, aquel cielo sin estrellas, aquella aurora sin sol.

¡Oh, naturaleza! ¡Tú eras la responsable, si la felicidad iba poco a poco huyendo de aquel nido!

Volcán cubierto de nieve, árbol sin sombra, cauce de florida margen, pero seco y sin murmullos.

¡Tú, madre naturaleza, pusiste en el valle de la vida, al uno frente al otro! ¡Tú escondiste en María mil femeniles encantos! ¡Dormiste en su mejilla la promesa de un beso; encerraste en sus ojos rayos de dulzura y bondad, colocaste en sus perfectos contornos la tentación vehemente! ¡Tú hiciste nacer en Juan la pasión; le sedujiste con un pie cómplice del deseo, con una mano cariñosa y hábil, con un busto tentador, aparente pilar para morir en el ara[17] del amor!

¡Tú, sólo tú eras la culpable! Si tal hiciste, ¿por qué negabas el complemento anhelado por sus esposos? ¿Por qué privabas de realidad a aquel sueño?

---

[17] Altar.

El amor en el matrimonio sin hijos puede subsistir; pero su vida es perezosa y raquítica. Los hijos son el fructífero riego que llena de frescura la planta, es la luz suave que ilumina el panorama, sin la cual se torna sombrío y triste.

Esta tristeza iba tomando cuerpo en casa de Juan.

El cariño de este acusaba un próximo invierno y aquella tristeza y aquel frío iban robando y robando vehemencia y en el ánimo de María infiltrando el miedo de un cercano desamor.

Ella agotó todos los recursos. Consultó a la ciencia y la ciencia anduvo a ciegas.

Un médico ordenó los viajes y al momento marchó a la capital de la provincia.

Tomó aguas medicinales, baños minerales, cambió de climas y usó todas las medicaciones imaginables.

Vista la impotencia de la ciencia, se entregó a la superstición.

Una gitana la llenó de júbilo anunciándole, al reconocer las rayas de su mano, que probablemente sería madre.

Este "probablemente" valió para ella un mundo; pero su decepción fue doblemente dolorosa cuando otra gitana leyó en su horóscopo la negación absoluta de maternidad.

Aquella duda, aquella alternativa llenaban de desconsuelo a la pobre María.

La conducta de Juan denunciaba visiblemente su indiferencia.

Pasaba largas horas fuera de casa y cuando volvía a ella hablaba poco y nada cambiaba su aire taciturno y melancólico.

Otras veces marchaba de viaje a pueblos comarcanos y permanecía días y días ausente.

Sin duda la ausencia tenía para él mayores halagos que su hogar; sin duda su tristeza hallaba tregua entre risas y pasajeros devaneos.

Ello es que la cosa era muy seria y la infelicidad iba entrando a pasos agigantados a aquella casa.

Mas un día el aspecto de la casa cambió de repente.

¿Qué pasa? ¿Qué sucede? ¿Qué motiva esta metamorfosis?

Sencillamente que María iba a ser madre.

Capítulo II

Realidad del ideal

Sí, lector, María iba a ser madre. Todos sus deseos se cumplían, todas sus esperanzas se realizaban.

A Juan se le encendió el pecho, se sintió lleno de júbilo y de nuevo fue el esposo cariñoso y el amigo leal.

Detalles pueriles, minuciosidades tontas, cuidados exquisitos, prevenciones[18] inútiles; nada se olvidó en aquella casa, que con impaciencia esperaba su amado huésped.

Pasaron los días y los meses y al fin la naturaleza dio su primer grito. El médico del pueblo ocupó la cabecera de María y Juan iba y venía intranquilo, desasosegado, impaciente. Como sucede siempre en tales casos, primas, tías y comadres invadieron la casa y todos demostraban en el semblante el vivo deseo de saludar al recién venido.

Se hacían comentarios y proyectos para el porvenir. El nuevo ser no podía ser menos que un dechado[19] de virtudes y bellezas. Tía había allí que

---

[18] Disposición anticipada para evitar un riesgo.
[19] Prototipo o ejemplo.

deseaba ya comérselo a besos. Se lo representaban encantador como las primeras ilusiones, tierno como la sonrisa de una madre. Otros suponían Otros suponían que sería boquirrubio y rosado como los muñecos de porcelana, pero nadie dudaba que en su hermosura vendría revuelta y mezclada con nuevas tintas la belleza de maría y la gallardía de Juan.

Este se abismaba en reflexiones. Imaginativamente llevó a su hijo (acordaos que deseaba un varón) de la lactancia a las primeras travesuras, de estas a la escuela, de la escuela al primer bozo[20] y de este a la virilidad.

Lo imaginaba hombre ya siendo su sostén y su báculo y hasta hubo quien le oyó decir entre dientes:

–Querido hijo... soy ya muy viejo... el reuma me corroe... el asma me abruma... dame tu brazo y llévame a tomar un poco el sol... ¡Ah! No olvides traer a mis dos nietecitos...

Así nos pasa siempre; de ilusión en ilusión, de sueño en sueño, de esperanza en esperanza llegamos hasta construir un palacio sobre una quimera.

Hacemos como la aldeana de la fábula, el más ligero tropiezo hace derramar el cántaro de leche y entonces en un punto vemos desvanecerse como impalpable niebla de todas nuestras ilusiones.

---

[20] Vello que surge sobre el labio superior antes de nacer la barba.

Pero eso no impide que soñemos, que soñemos constantemente y Juan soñaba.

Forjaba una idealidad dulce a su alma como la miel a los labios y todos aquellos vagos panoramas tomaban en su imaginación forma y hechura.

Así su impaciencia no reconocía límites.

Todos, sin olvidar el médico, una tía de María, una cuñada de una prima de María, una prima en segundo grado de la misma y una antigua criada se habían encerrado en el cuarto de la futura madre.

Juan en una sala contigua esperaba lejos de su esposa, pues el medico creyó inoportuna su presencia, teniendo en cuenta la influencia moral que pudiera ejercer en María, más dañosa que útil.

Y en intranquila actitud vio a circunstantes entrar y salir mil veces de la habitación y en cada semblante creía leer la buena nueva. Pero pasaba el tiempo y… nada.

¡Qué horas tan largas! ¡Qué mortales zozobras![21]

Llegó al fin un momento en que Juan notó más movimiento y oyó más ruidos. Creyó llegado el momento, término a su inquietud y con los ojos fijos en la puerta, permaneció inmóvil.

Esta se entreabrió al fin y apreció la vieja criada.

–¿Ya?… –preguntó Juan casi anheloso.

---

[21] Inquietudes, aflicciones, congojas.

La criada repuso tristemente.

—Todavía... todavía...

Y siguió con aire consternado en dirección a otras dependencias de la casa. Juan volvió a su actitud de espera.

Al poco rato de nuevo se entreabrió la puerta y esta vez dio paso a la prima de la cuñada de María.

—¿Qué hay?

—Paciencia, don Juan... paciencia... ¡ay! Virgen Santa. —y siguió la dirección por donde desaparecía la vieja criada.

Juan no sabía qué pensar... sin embargo, esperó. Al poco rato nuevo ruido y nuevo personaje salió de la habitación.

Era la prima en segundo grado de la primera.

—¿Puedo entrar? ¿Puedo ver a mi mujer?

—Sí...o no... en fin, yo creo que de todos modos hijo es, porque... y la pobre mujer salió de la sala bañada en llanto.

Aquellos eran ya indicios vehementes[22]. ¿Habría acontecido una desgracia?

Juan temblaba, temblaba como azogado[23] y no pudiendo dominarse más tiempo se lanzó a la habitación donde quizás moría su amante María.

_____

[22] Ardiente y lleno de pasión.
[23] Turbado.

Pero no lo pudo realizar, porque crujiendo otra vez la puerta, apareció el médico en su dintel y le detuvo.

—¿Doctor...?

—Ya sois padre —dijo éste.

—¿Varón?

—Varón

Juan respiró una gran bocanada de aire.

—¡Hijo de mi alma...! —dijo queriendo entrar, pero el médico le detuvo nuevamente diciéndole:

—Un momento, un solo instante de atención a lo que os voy a decir y entraréis después.

Juan se rindió por cuarta vez al médico como antes se había rendido a la vieja criada, a la cuñada de la prima de María y a la prima en segundo grado de María.

—La ciencia —comenzó a decir el médico con aire doctoral— tiene misterios inextricables[24], tiene secretos profundos. Usted es hombre y nada importa un dolor más unido a los muchos que sufrimos en la vida. Yo le diré lo que hay, amigo mío, procurando usar una manera *Ad gratam accipitatem*[25], como se dice en Farmacia.

En el semblante del esposo se pintó la alarma.

---

[24] Confusos.
[25] La frase se puede explicar del siguiente modo: Para hacer más grato el ingerir (entiéndase la medicina).

–¿Pensáis, al entrar en ese aposento encontrar con júbilo la realización de un sueño?; pues bien, os equivocáis.

–¿Ha muerto mi hijo?

–No ha muerto

–¿Y María?

–Perfectamente.

–Pues, entonces...

En esos percances inevitables e inconscientes por parte del hombre; en esos *rara avis*[26] que hacen exclamar *Felix qui potuit rerum cognoscere causas*[27], la ciencia ha procurado poner su providente mano... ¡Inútil empeño! La teratología[28] laboriosa recibe en sus brazos y clasifica a los *unitarios*[29] y a los *dobles*[30]; conoce a los *autósitos*[31], a los *onfalócitos*[32], a los *parásitos*[33] y también a los *autositarios*[34] y

_____

[26] Ave rara, desviación de la norma.
[27] La frase se traduce: Feliz quien ha podido conocer las causas de las cosas.
[28] Estudio de las anomalías y monstruosidades del organismo animal o vegetal.
[29] Individuos que nacen solos.
[30] Individuos que nacen acompañados.
[31] Hermanos gemelos completos a los cuales están unidos los parásitos o heterópagos.
[32] Adelfositos: viven mientras están unidos al gemelo que puede ser normal.
[33] Gemelos incompletos heterópagos, los cuales están adheridos a un cuerpo completo.
[34] Gemelos unidos autositario o monstruos dobles autositarios de fetos con desarrollo más o menos idénticos.

parasitarios. Todos nacen destinados a morir o destinados a ocupar el puesto de los desheredados...

–Por Dios, Doctor... ¿Qué pasa?, ¿Qué sucede?... Dejadme ver a mi hijo... Yo no entiendo eso...

–¿Qué importa que Gall y Spurzheim[35] se afanen por averiguar el porqué de los *acéfalos*[36], *anacéfalos*[37], *acefaléstomos*[38], *acefalogastros*[39] y *acefalobranquios*[40]? Sus investigaciones se estrellan siempre en la impotencia y ¡ay! De ellos, si se aventurasen a una experiencia arriesgada, porque: *Vulnera capitis nunquam sine periculo*[41]. ¿Serán todas estas acefalomanías[42], dependientes como creen

---

[35] Johann Gaspar Spurzheim (1776-1832). Médico alemán, quien se dedicó a la frenología, la cual afirmaba que es posible determinar el carácter y rasgos de la personalidad, así como las tendencias criminales, basándose en la forma de la cabeza. Esta ciencia, ya obsoleta, fue propuesta por Franz Joseph Gall y desarrollada alrededor de 1800.
[36] Que carecen de cabeza.
[37] Se caracterizan por la ausencia parcial o total del cerebro.
[38] Carecen de gran parte de la cabeza con la presencia de una abertura bucal.
[39] Presentan ausencia de cabeza, tórax y abdomen; sólo tienen pelvis y piernas.
[40] Presentan ausencia de brazos y cabeza.
[41] Se traduce: las heridas o daños de la cabeza nunca (están) sin peligro.
[42] El narrador llama así a la tendencia de la ciencia a colocar nombres a las variedades de aspectos relacionados con anomalías anatómicas.

Morgagni[43], Huller[44] y Sandifort[45], de la *hidroce-
falia*[46]?... ¿Quién lo sabe?...

Juan no comprendía una palabra.

–Pero paciencia, don Juan. Su corazón de padre
se sentirá lacerado de dolor al contemplar ese ser
infeliz que bajo tan horrible prisa se os presenta.
¿Qué es él, más que una carcajada cínica de la
naturaleza? ¿Qué otra cosa parece más que una
mueca epiléptica de esa reina generadora tan
pródiga unas veces, tan implacable otras?

Juan estaba completamente embobado y no
adivinaba a dónde quería ir a parar el galeno[47] con
su inoportuno discurso.

Este en tanto continuó impertérrito:

–No creáis por eso que vais a encontrar una hete-
rotaxia[48] o hemiteria[49], no; su génesis ha sido más

[43] Giovanni Battista Morgagni (1682-1771), se le considera el primer
científico que dio el primer paso para que la ciencia médica cambiara
su punto de vista en relación con la anatomía patológica.
[44] Hugo Ritter von Huller (1859-1931) Famoso militar alemán.
[45] Existen dos anatomistas neerlandeses con el mismo apellido,
padre e hijo. Eduard Sandifort (1742-1814) y Gerard Sandifort
(1779-1848). Zeno Gandía se refiere al primero.
[46] Condición en la cual la característica principal es la acumulación
de agua en el cerebro.
[47] Doctor. Galeno es uno de los médicos más famosos de la
antigüedad. Su nombre ha pasado a designar al médico por
antonomasia (sinécdoque que permite usar el apelativo por el
nombre propio o viceversa: el Apóstol, por San Pablo; Nerón por
una persona cruel, o Rafael por un excelente pintor.)
[48] Serie de anormalidades relacionadas con la disposición de los
órganos internos.

benévola con él al engendrarlo compatible con la vida. Veréis en él una monoftalmia[50], un leporino[51], una cíforis[52] y una macrocefalia[53], hasta generosidad ha habido puesto que encontraréis en él órganos excedentes que...

El pobre esposo, no pudo más.

—¡Oh! ¡Por Dios, Doctor! callad... callad... ¿Qué significa todo eso?... Yo quiero ver a María... Yo quiero ver a mi hijo... al hijo de mis entrañas a quien amo con locura sin conocerlo.

Y afanoso y casi sollozando se lanzó a la habitación de María y sin oír las palabras del médico que trataba aún de contenerlo.

Este le siguió y también varios circunstantes.

El esposo llegó al lecho donde reposaba María y le dio un sonoro beso.

—¿Mi hijo? —preguntó. ¿Dónde está mi hijo?

Todos los testigos de esta escena se mostraron vacilantes y uno de ellos cediendo a las insinuaciones de Juan, sacó de una pequeña cuna al recién nacido y se lo mostró.

---

[49] Nombre genérico dado a gran número de anomalías simples como las imperfecciones de conductos, el labio leporino o las hernias umbilicales.

[50] De un solo ojo.

[51] Condición de nacimiento que muestra una apertura en el labio superior.

[52] Curvatura de la columna vertebral en la región dorsal.

[53] Alteración en la circunferencia de la cabeza.

¡Oh! ¡lector!

Al contemplarle, Juan quedó como petrificado; su semblante se inmutó, su corazón dio un volteo icástico[54] y una crispadura dolorosa embargó todos su miembros.

¿Ese... ése es?... Me engañaron... imposible.

Y casi delirante se acercó a su hijo, le contempló de nuevo con más avidez y...

—¡Oh!—exclamó con horror volviendo la cara. Luego, rechazando bruscamente a la pobre criatura, salió corriendo del cuarto.

Lector, esta conducta te parecerá inconcebible y, sin embargo, tenía su lógica.

El hijo tanto tiempo esperado, el presente[55] apetecido de la naturaleza, el lazo de unión que venía a fortificar el cariño de los esposos era...un monstruo.

Sí, lector, un monstruo horrible, un ser espantosamente feo, una pirueta satánica de un sátiro, una blasfemia a la estética.

Una víbora sin duda concibió su busto y un búho lo dibujó en el lienzo de la vida.

Aquel ser extraordinario tenía la cabeza enormemente voluminosa y la cara empujada,

---

[54] Normal, sin disfraz ni adornos.
[55] Regalo.

replegada a un rincón de aquel esferoide[56], parecía más que una región, un apéndice.

Anchos y largos los pabellones[57] de las orejas como péndulos sobre las partes laterales.

En la cara sólo tenía un ojo, el otro lo había robado una atrofia en el claustro materno.

El labio superior estaba dividido en dos y replegado en su centro sobre la encía construyendo un leporino completo.

El cuello era corto; la cavidad del pecho, irregular, y su columna vertebral, viciosa: era jorobado.

Y finalmente en la mano derecha tenía seis dedos perfectamente desarrollados.

Y, bueno, amigo lector, ¿hallas disculpa en la conducta de Juan? ¿Le perdonas la fría recepción hecha a su hijo? ¿Lo absolverás de tu execración[58] por no haberle regalado ni una hipócrita caricia? ¿Por no haber estampado en él el primer sello de amor, el primer beso?

Lector, medita sobre esto y antes de terminar este capítulo, escucha.

María no había visto aún a su hijo; testigo de la escena que te he relatado, cubierto el rostro de una intensa palidez, pidió al fruto de sus entrañas.

---

[56] Cuerpo de forma sólo aproximadamente esférica, como la Tierra.
[57] Lóbulos.
[58] Condenación religiosa.

Las asistentas dudaron un momento y al fin con el permiso del médico se lo llevaron a la cama.

La madre, como el padre, quedó estática, pero en ella dos gruesas lágrimas humedecieron sus mejillas.

¿Y sabéis lo que hizo después? Pues bien, lo tomó en sus brazos, le pasó la mano por la frente y estampando en ella un beso lleno de amor y ternura, (¡Oh! ¡Madre sublime! ¡Oh! ¡Sacrosanta e incomparable madre!) lo puso al pecho y destiló en la boca del monstruo las primeras gotas del primer manjar.

Capítulo III

De un mes a diez y ocho años

El médico que asistió en su difícil trabajo a María, era verdaderamente un hombre erudito. Se llamaba Gedeón Haro y alcanzaba por aquella época los cincuenta años. Hombre eminentemente estudioso, eminentemente pensador y eminentemente observador, tenía todos los talentos del sabio.

Era sobrio, dormía y comía poco, dedicaba gran parte de las horas del día al estudio y encontraba siempre abismado en éste, cuando la asistencia de sus enfermos no requería su presencia en otra parte.

Todas las contingencias y detalles de su vida las ajustaba a la ciencia. Era filósofo de corazón y nada hallaba en su redor indigno de darle una enseñanza o una revelación.

No creo exagerar si os digo que cualquier cosa insignificante, un estornudo, por ejemplo, tenía para él significación filosófica. Desenvolvía un pensamiento hasta un grado supino y comprendía contrayéndome al ejemplo, lo importante, lo complicado, hasta lo bello que era el acto de estornudar en todas sus evoluciones, desde que la imperceptible partícula odorífera iba a herir la pituitaria, hasta la conmoción producida por el enjambre nervioso de aquella parte.

Y así era todo. Amaba la medicina y la ejercía con caridad y con ternura. Era el prototipo del sacerdote del cuerpo, siempre amable, siempre dulce y siempre sobre aviso vigilando la dolencia o el síntoma.

Otra cosa amaba con entusiasmo, aunque en esto se parecía a casi todos sus colegas profesionales. Amaba el caso raro, amaba el fenómeno. Su imaginación investigadora se recreaba en el análisis de esas ecuaciones de la naturaleza. Los buscaba, los deseaba, los apetecía y ante ellos una conjetura le embargaba un mes, una observación dos o tres, una hipótesis cuatro o cinco y una deducción un año. Era una de esas cabezas privilegiadas que llenas de saber no necesitan más que la semilla de un pigmeo para crear un gigante.

Alto de cuerpo, enjuto de carnes, su cabeza verdaderamente artística y sus ojos grandes y azules, vivos como los de un niño, aparecían risueños a no estar coronados por dos cejas gruesas y pobladas, contraídas constantemente y que le daban un aire reflexivo y casi sombrío.

Y sin embargo, su carácter era alegre, franco y decidor. Tenía una debilidad, ¡quién no las tiene!, y ésta, supongo que ya se la habrás conocido, lector.

Era locuaz, extremadamente locuaz; hablaba mucho, pero hablaba bien y lo uno compensaba lo otro. Una tesis era para él, lo que para otro mortal, una copa de licor. La veía, la libaba gota a gota paladeándola, no perdonaba ni una gota, y muchas veces tomaba agua encima: entiéndase que me expreso alegóricamente.

Dadas tales condiciones, el nacimiento del hijo de Juan fue para Gedeón un acontecimiento. Apenas lo vio y lo vio fenomenal, sintió cariño hacia él, y a aquel infeliz ser que no obtuvo de su padre ni una caricia, ni aun el lamido con que la bestia suele arrullar a su cría, fue recibido por Gedeón con dobles plácemes; los plácemes del filósofo y los plácemes del médico.

Pensó en seguir hora por hora, año por año, las metamorfosis de aquel defectuoso organismo y en lo íntimo de su corazón lo prohijó y se impuso la obligación de velar por él, de no abandonarle.

Así fue que a los pocos días, apadrinándole él, se bautizó el niño y se le puso por nombre: Claudio.

Claudio era una notabilidad: a los pocos días de nacido tenía fama en el barrio, en el pueblo y en la provincia. ¡Patrimonio de las grandes hermosuras y de las grandes fealdades! Todos, amigos y extraños, deseaban vivamente conocer el "mons parturiens"[59] como algún mal intencionado le llamaba. En tanto María le alimentaba con el licor de sus pechos y suspiraba con tristeza cuando dormido en sus brazos observaba de cerca sus monstruosidades.

Juan ¡oh!, ésta es la parte más espinosa del asunto, lector. Juan no quería a su hijo. ¡Cómo!, diréis vosotros, ¿un hombre que exclamaba "Yo quiero ver a mi hijo... al hijo de mis entrañas... a quien amo con locura sin conocerlo"? Sí: ese mismo hombre, dicho de otro modo que duele más todavía; ese mismo padre, se inmutó al encontrar un equivocado ideal, volvió la cabeza con horror y repugnancia, desconoció su propia carne, no le untó de miel los labios con un beso de ternura y le abandonó con desdén. Yo imagino que todo esto se llama no querer. La traducción es al pie de la letra. ¿Y por qué esa indiferencia? ¿Por qué ese desamor? Voy a ensayar una respuesta: porque nuestra humanidad vive encadenada a la estética. Más adelante discutiremos si esto es cierto, porque me parece que no lo es en absoluto.

El hecho es que a los ojos de Juan, bastó una travesura de una generación viciosa, bastó un

---

[59] Literalmente implicaba un "monte parido". Es posible el juego con la palabra monstruo.

cambio en el modelo que soñaba, bastó que la forma variase para hacerlo huérfano de su cariño. Creía sin duda que aquel ser venía a engañarle fraudulentamente en sus esperanzas y no meditaba, no aguardaba ver si las manifestaciones de aquel espíritu corresponderían al molde o si, como sucede comúnmente, serían compensadoras.

Queda sentado que Juan no quería a su hijo o que por lo menos así lo aparentaba.

Todo esto lo había observado Gedeón y este había sido otro motivo más para encariñarse con Claudio. No se fijaba como Juan en las irregularidades de la materia, presentía, y esperaba, que el espíritu allí encerrado brillaría por sus méritos y cualidades. Era cuestión de tiempo y lo dejó al tiempo.

De ese modo pasó la primera edad de Claudio: esa edad inconsciente y feliz, si se quiere, en que sólo ordena el instinto. Ni uno solo de los solícitos cuidados maternales le faltó. María velaba su sueño si lo encontraba inquieto, le ceñía sus humildes ropitas y puede que hasta lo encontrase bello alguna vez. Sufría hondamente si alguno de esos frecuentes tropezones de los niños venía a combatirlo. Cuantas veces sucedió así, estuvo Gedeón Haro a su lado. Claudio padeció muchas enfermedades en su primera edad; a los dos años una implacable viruela que lo puso a la muerte, desfiguró sin piedad la piel de su rostro. María era siempre la misma. ¡Claudio era su hijo! ¡Cuánta dulzura hay en esta frase! ¡Ella era su madre!

Juan, por el contrario, dormía a pierna suelta. Ni una vez siquiera le robaron el sueño los vagidos de su hijo. Por la mañana dejaba el lecho y marchaba a su trabajo sin dirigir ni una mirada, más aún, ni un recuerdo a la pequeña cuna situada en la habitación de los esposos.

Este modo de ser se hizo habitual en la familia y las cosas siguieron de este modo
durante mucho tiempo.

Claudio llegó a los cinco años y con seis meses de lecciones que le dio Gedeón leía perfectamente. El niño no jugaba nunca; su carácter era melancólico y triste. Jamás se le vio sonreír... ¡sonreír! La contracción[60] del risorio de Santorini[61] hubiera sido en él una mueca indescriptible. Elegía siempre los rincones más solitarios de la casa y sus únicos entretenimientos eran un cortaplumas y un pedazo de madera. Tenía aptitud para la escultura y tallaba objetos informes primero y luego figuras más acabadas.

---

[60] Hacer más pequeña una cosa en longitud o volumen.
[61] El risorio es un músculo que se encuentra al lado de la cara y retrae la comisura labial; por lo tanto, interviene en la risa. Giovanni Domenico Santorini (1681-1737), anatomista italiano, a cuyo apellido se le debe el nombre del músculo.

Una tarde y en un paseo de la alameda que había en el pueblo, estaban Gedeón y Juan sentados. A pocos pasos de ellos y a la sombra de un árbol estaba Claudio haciendo castillos con piedrecitas.

—Juan —dijo Gedeón contemplándole tristemente— hace tiempo que noto la indiferencia con que mira usted ese pobre ser.

—¡Ah! ¡Doctor...si usted viera el interior de mi corazón!

—Hallaría en él la injusticia más incalificable.

—¿Y por qué? Mi hijo Claudio es para mí una burla sangrienta de la muerte.

—¡Error profundo! ¿Se ha detenido usted a pensar alguna vez si seré un magnífico presente que le ha hecho el destino?

—¡Soberbio regalo!... en un cuerpo contrahecho y...

—¿Y qué más?

—Acaso...

—¿Se ha creído usted sin duda que la moral corresponde al físico? Pues bien: vive usted equivocado. Sépalo usted, Claudio es un tesoro, un tesoro que debiera llenarle de orgullo y vanidad. Encierra en sí algo que vale más, infinitamente más y que usted no comprende. ¿No es esto preferible a lo contrario? Lucrecia

Borgia[62] llena de belleza guardaba escondida el agua Tofana[63]; una laguna la vemos serena y poética y quizás oculta el miasma venenoso.

—Yo le pedí a Dios un hijo; un hijo que fuese el báculo de mi vejez y Dios me concedió una caricatura, que es y será la irrisión de...

—La irrisión de los necios. El que sea verdaderamente cuerdo y sensato le admirará, cuando menos le compadecerá. Tenéis un tesoro en nuestro hijo y no lo habéis conocido, os repito, y en prueba de ello os voy a levantar parte del vuelo de su porvenir... ¡Claudio... ven, acércate a mí!

El niño dejó su entretenimiento y vino hasta ellos. Gedeón le sentó sobre sus rodillas y continuó así:

—¿Sabéis lo que es la frenología? La frenología que etimológicamente significa el discurso sobre el alma, es la ciencia que estudia el entendimiento humano fundado sobre la fisiología del cerebro. El haber hecho de esta creencia, de este pensamiento una ciencia se debe a Francisco José Gall[64] que en

---

[62] Lucrecia Borgia (1486-1519), hija del papa Alejandro VI. Se rumora que fue amante de su hermano César Borgia. Su leyenda está vinculada con las acciones licenciosas de su familia.
[63] El Agua Tofana es un veneno derivado de arsénico, inventado por la envenenadora Teofania de Adamo en el siglo XVII.
[64] Franz Joseph Gall (1758-1828), neuroanatomista alemán, estudioso de las funciones cerebrales.

1798 la erigió su sistema. Observad conmigo la cabeza de vuestro hijo: de un volumen excesivo os parece deforme, y, sin embargo, habla a mis ojos de una manera clara y elocuente.

Claudio permanecía inmóvil. Juan escuchaba silencioso, y el médico tomando la cabeza del monstruo entre sus manos dijo:

—Mirad... mejor dicho tocad en este sitio... en el centro de la parte posterior de la cabeza, encima de la cresta occipital...[65] ¿habéis visto el desarrollo de esta parte? Pues bien, aquí está localizada la filogenitura[66]. El afecto y ternura paternales están extraordinariamente desarrollados en vuestro hijo; la propensión a acariciar y a estar en compañía de toda criatura débil y tierna, está perfectamente evidenciada aquí. Muchas veces he sorprendido a este niño en la misma actitud en que los grandes pintores de Italia pintan a las madres en el cuadro "La muerte de los inocentes"...[67] ¿no lo habéis notado? Con la cabeza echada hacia atrás, ¡bien preciosas son estas cualidades! Vuestro hijo es bondadoso, caritativo, será idólatra del bien, se

---

[65] Hueso que separa las fosas cerebrales.
[66] Amor hacia la procreación.
[67] La Matanza de los inocentes es la acción surgida de las órdenes de Herodes para matar a todos los niños que pudieran ser el Mesías. Fue tema de pinturas desde el Renacimiento. Famosos son los cuadros de Peter Paul Rubens (1577-1649).

sacrificará por lo que ame y notad don Juan, lo que os voy a decir: la craneoscopia[68] me indica claramente que esta caricatura como vos decís, os ama, sí; os ama ciegamente.

–Doctor, ¿es ciencia todo eso? –interpeló Juan con aire de duda.

–¿Qué si es ciencia?... dudad en buena hora, pero no blasfeméis. Os voy a dar una inmediata demostración. ¿En qué pasa vuestro hijo las horas que le dejan libres las primeras letras? Muchas veces lo habréis visto ocupado con afán en modelar con un cuchillo un tosco pedazo de madera, al que logra al fin darle forma, aunque imperfecta, corporal y humana; en estos momentos se ocupaba en levantar arquitectónicamente un castillo de piedras... pues bien; ved... la facultad llamada constructividad está notablemente desenvuelta en él... aquí en el hueso frontal inmediatamente sobre el esferoides[69]: esto es exacto, porque si bien este examen pudiera ser confuso por tomar por abultamiento cerebral lo que pudiera ser por abolladura huesosa o carnosa, en Claudio no es fácil equivocarse, porque el desgraciado está dotado de una constitución muy pobre y raquítica. ¿Qué os parece? ¿Creeréis ahora

_____

[68] Inspección de la superficie exterior del cráneo.
[69] Hueso impar situado en la parte media de la base del cráneo.

en esto que se os antoja brujería? ¿Hay una relación entre los hechos observados en vuestro primogénito y el estado de un cráneo? Pues aún hay más, en los ángulos posteriores inferiores de los parietales[70], está emplazada la acometividad... en este sitio, en esta cabeza, vemos dos depresiones, luego esa tendencia no existe, luego no será este individuo pendenciero, irascible y disputador. Así mismo la esperanza, o sea afección religiosa moral que realiza el buen éxito, acierto, dichas y bienestar futuro está totalmente deprimida, Claudio sufrirá y llorará quizás sin esperanzas. En cambio, ved el predominio que en su cabeza tienen la circunspección, la benevolencia, la firmeza y la constancia. Su cuerpo no se doblará nunca a la adulación y será idealista y amará lo bello y pudiéramos pintarle en la actitud misma en que se ha representado a Pope y Schiller[71]. ¿Qué más queréis, pues? ¿Cómo os quejáis de la naturaleza cuando tan pródiga ha sido con vuestro despreciado fenómeno?

—Yo no entiendo nada de eso doctor y juzgo las cosas...

---

[70] Huesos de las paredes del cráneo.
[71] Alexander Pope (1688-1744) fue uno de los poetas ingleses más renombrados del siglo XVIII. Friedrich Schiller (1759-1805) fue uno de los más grandes dramaturgos del clasicismo alemán. Famosos son los cuadros de Jonathan Richardson (para Pope) y Gerhard von Kügelgen (para Schiller).

–Si las juzgáis apegado a un ideal, como la mayor parte del género humano, ¡bizarra manera de encontrar la belleza! Siempre pretendiendo un ideal absoluto al que ajustamos nuestros sueños y no tenemos en cuenta que en este mundo es relativo todo. ¿Sabéis lo que primitivamente fue la Venus de Milo[72]? Un informe pedazo de granito, donde tal vez reposó su fatiga el viandante peregrino al que luego el arte hizo bello, y el mérito, inmortal. ¿Qué fueron antes esos prodigios de belleza artística? ¿El Partenón[73], la aguja de Cleopatra[74], la catedral de Strabourgo[75], el Escorial[76], qué fueron?... piedras toscas que no hubiéramos osado admirar al hallarlas en nuestro sendero y que el arte redimió haciéndolas imperecederas. Del mismo modo, Claudio, una masa conjunto de fealdades físicas hoy, pudiera ser dechado de bellezas morales; esto sólo os debe mover

---

[72] Escultura del período helenístico. Esculpida en mármol de Paros en un tamaño ligeramente superior al natural. Su autor es anónimo, aunque se suele atribuir a Praxíteles (s. IV a. C.)

[73] Es el templo más famoso de la cultura griega. "Partenos" significa "virgen" y era uno de los adjetivos que servían de apodo a Atenea, la diosa de la estrategia militar, de las artes y de las ciencias.

[74] Es el nombre de un par de obeliscos cuya construcción solicitó el faraón Tutmosis III en el siglo XV a. C.

[75] Es la Catedral de Notre- Dame de Estrasburgo, situada en el centro histórico de esa ciudad en Francia. Está consagrada al culto católico de la Virgen María. Fue construida a lo largo de cuatro siglos, entre 1015 y 1439. Es considerada un ejemplo de arte gótico.

[76] Monasterio situado en San Lorenzo del Escorial en Madrid. Fue ideado por el rey Felipe II en el siglo XVI.

para quererlo tanto más cuanto para vos debe tener un mérito más; el de ser vuestro hijo. Un criterio recto no ama lo bello en lo que tiene de deleznable, sino en lo que posee de positivo: se puede admirar un detalle, pero eso no quita para que valga más un conjunto por más que su belleza no sea tan notoria. En el hombre es buena la belleza, pero es mejor la bondad. Le pedíais a Dios un hijo y Dios os lo dio... ¡qué dolor experimentáis al verlo lejano de vuestro ideal! Y no lo queréis, porque no es bonito, elegante, gallardo y le robáis vuestro cariño cuando es bueno, virtuoso y dotado de talento..., mas ¡ah! hay impulso espontáneo dentro de nosotros que es la salvación de esta doctrina filosófica: vos no queréis a vuestro hijo porque no empalmó con vuestros antojos estéticos; en cambio, su madre, ese ser admirable, símbolo de redención y de infinito amor, lo ama, sí, oídme bien, lo ama sin condiciones... feo y horrible como es. ¿Y por qué? Porque la mujer ama más que el hombre, porque la madre ama más aún que la mujer, y por eso María ama a Claudio, a su hijo, al fruto de sus entrañas, sin que necesite ese cariño, como en vos, el incentivo de las dotes físicas, sin que nada le empañe, sin que la aminoren condiciones.

—¡Dios mío!... ¡Dios mío!...

Diálogos como este se repitieron muchas veces en el intervalo de algunos años. Claudio cumplió diez y ocho y era por esta época bachiller en artes, muy aficionado al estudio y un escultor de mérito.

Voy, lector, como hasta aquí, a seguirte narrando su vida.

Capítulo IV

Un primo del demonio

Con el poder del novelista detengamos la valija que el conductor de correos conduce desde el pueblo de B... hasta la capital de provincia.

Abramos uno de los sacos, deshagamos uno de los paquetes y abramos una de las cartas.

Dice así:

B... y noviembre de...

Queridísima Valentina: No puedes figurarte bajo qué triste impresión te escribo, hermana de mi alma; no sé si estar risueña o si llorar. Se agitan en mi cabeza y me corazón ideas y sentimientos desconocidos. ¿En quién mejor que en ti, mi confidenta leal desde nuestros primeros años, podré depositar mis secretos y mis sueños? Voy a contarte lo que me pasa. Nuestros padres, que aparte de quererernos mucho, sabes demasiado son serios y concisos para nosotras, amanecieron ayer para mí de un modo que me sorprendió. Muy temprano entró mamá en mi cuarto, me peinó con esmero y colgó de mi cuello un medallón atado con una cinta de terciopelo... ¿No te sorprendes, Valentina?... ¡Nuestra madre, tan enemiga de abolorios y de adornos! Pues no fue esto solo, salí de mi cuarto y en el comedor encontré sobre la mesa un hermosísimo ramo de rosas; de él pendía un hermosísimo ramo de rosas; de él pendía una tarjeta que decía: "A mi predilecta hija Ana, de su amante padre"...Yo iba de sorpresa en sorpresa:

71

papá, que nunca piensa más que en sus haciendas y negocios, francamente se me hizo sospechoso con esta inusitada galantería. Todo el día me colmaron de halagos y consejos y muchas veces los sorprendí hablando entre dientes frases encontradas. ¿Qué será? –pensaba yo–. Al fin después de comer, se encerraron conmigo en el escritorio de papá.

–Ana– dijo este– es tiempo ya de que pensemos en tu porvenir. Tienes 18 años, eres bella y buena. Ana, hija mía, debes casarte.

¡Ay!, Valentina mía; quedé como petrificada. ¡Casarme! ¡Casarme! Yo nunca había pensado en ello y te consta que jamás he sentido amor. Mis padres se esforzaron en demostrarme la conveniencia de varias de estado y me dijeron finalmente que habían decidido unirme a fin de año… ¿Con quién creerás? Segura estoy que como yo no lo conoces, con un primo nuestro, que reside al presente en esa capital acabando sus estudios de leyes. Dicen que es joven, bien parecido y que se llama Mauricio. ¿Le conoces, por ventura? ¡Ah! ¡Qué has de conocer!... Me olvido que vives encerrada en aquel sombrío colegio, donde viví cinco años, a donde no llega ningún eco del mundo, no oyéndose más que la voz gangosa de las viejas preceptoras. Pues sí; no puedes figurarte la curiosidad que me ha entrado por saber noticias de ese Mauricio que me destinan por esposo. No creas por eso que me alegro de los proyectos de nuestros padres… ¡Quién sabe lo sienta! En mí no hay impulso interno ninguno y créeme que tal determinación me ha arrancado algunas lágrimas. Dicen que viene pronto mi prometido… no sé porque temo no simpatizar con él.

Finalmente me dijo papá: pensaba traerte para las bodas, una temporada a nuestro lado.

Tu hermana que te quiere muchísimo,

Ana.

Tres días después el mismo conductor de correos llevaba el pueblo de B... otra carta concebida en estos términos:

Ana de mi corazón:

Leí con pena tu carta y lloré muchísimo. ¿Sabes por qué? En primer lugar porque vas a casarte, porque vas a separarte de mi lado, del lado de tu Valentina: en segundo lugar porque te quieren unir a ese diablo, a ese pícaro de Mauricio, al que en contra de lo que tú creías conozco demasiado. Te diré cómo y cuándo lo conocí. Yo estaba completamente ignorante de que tuviésemos tal primo, cuando una noche a las 12:00 sentimos un gran alboroto en una casa próxima al colegio. Varias educandas, entre ellas yo; movidas de la mayor curiosidad y burlando la vigilancia de la hermana de vela, salimos al balcón. De la casa contigua salía mucha gente; unos eran guardias de seguridad pública y otros paisanos que iban atados vergonzosamente. Entre gritos y disputas llegaron a nuestros oídos algunas palabras que indicaban lo que había pasado. Había en aquella casa una madriguera de gente que trasnochaba para beber y jugar y había sido sorprendido el juego por la autoridad, la que condujo a la cárcel a los delincuentes. Entre ellos y casi siendo el que más escandalizaba de todos, iba un joven como de unos 20 años: era guapo, sí Ana, guapísimo, tanto que exclamamos todas: ¡qué lástima! Volvimos a nuestro lecho y pasó algún tiempo. Otro día, fuimos todas las alumnas, a una fiesta patronímica a la Catedral: muy cerca de nosotros se colocó un individuo que durante toda la ceremonia se entretuvo en perturbar nuestra piedad dirigiéndonos "sotto vocce", como dice nuestro maestro de italiano, palabritas picantes, galanteos, llegando hasta llamarnos, asómbrate, "palomas sin alas". Aquel individuo que con tan poca compostura se portaba en la iglesia era... el mismo guapo joven que vi llevaban preso de la casa de juego. Bien: pasaron muchos días y hasta meses y yo ya no me acordaba de las circunstancias que te refiero, cuando una tarde que habíamos ido de paseo todas las internas, ¡plam!...de manos a bocas un individuo nos asalta. Todas las niñas le teníamos miedo por su modo de hablar y su descaro, así es que todas volvimos la cara y pasamos de largo, pero... cuál no sería mi sorpresa al oír que al pasar por mi lado, retorciéndose el bigote y contoneándose me dijo: "adiós primita". Me puse como una cereza y apreté el paso y después de esto no he vuelto a saber más de él. Es lo que te puedo decir de ése, aunque ignoraba se llamase Mauricio. ¡Ay, Ana mía! ¡qué malo debe ser ese hombre! ¡Concurrir a casas de juego! ¡profanar el templo con palabras!... Vamos, vamos, ¡soberbio marido te van a dar! Y te aseguro que es lástima, porque es guapísimo.

Lo único que de tu cara me alegra es el proyecto de llevarme a pasar una temporada entre ustedes. ¿Hasta cuándo me van a tener aquí encerrada? ¿No sé acaso bastante? Empiezo los textos, los acabo y vuelta a empezar. Y no creas, no soy tan chiquilla, voy a cumplir 16 años y noto que algunos trajes me están ya muy cortos. ¡Qué hermosa debes tú estar con tu magnífica cola!... En fin, ya hablaremos de todo esto a nuestra vista. Tenme al corriente de todo y recibe un beso de tu

Valentina

74

Es menester que te diga, lector, quién era Ana, quién Valentina y quién Mauricio.

En el pueblo de B..., donde nació Claudio, vivía don Germes Avanto, que era un ricachón de aquellos contornos, un "bonne bourgeois", si se me permite el galicismo.

Doña Tecla su esposa y sus dos hijas Ana y Valentina, constituían su familia. Hombre dado don Germes, al trabajo desde muy joven, unía a una acrisolada honradez la más inquebrantable rectitud de principios.

Tuvo un hermano militar que murió de un balazo, dejándole eficazmente recomendado un hijo, niño entonces. Este niño era Mauricio. Desde los primeros años de su educación lo envió a A..., dando por resultado esta circunstancia que Ana, Valentina y Mauricio no se conocían, a pesar de que, como habrán visto los lectores, en un colegio del mismo A... educaba don Germes a sus hijas.

Mauricio era perezoso y poco amante del estudio, así es que a fuerza de años y de empujones, sin asistir nunca a clase, ni ojear jamás un libro fue como logró aprobar dos años de jurisprudencia. Su permanencia en A... era pues infructuosa; engañaba a don Germes con falsas promesas y se divertía y gastaba de lo lindo. Si se quiere, esto nada tenía de particular, pero hay más: Mauricio era perverso.

Mordaz, cruel y descreído, nada había para él respetable ni verdadero. Estaba perfectamente hecho, ajustado al figurín materialista de la época. Mucha belleza física, pero lodo en el alma. Era no el calavera de buen tono, tenorio por galantería y afición, sino el calavera tahúr con ribetes de villano, comensal seguro del garito y la mancebía: en fin valía un Perú el muchacho; no había por donde cogerlo.

Una vez escribió al pobre don Germes, que lo desconocía por completo, lo siguiente:

> *Comprendo que no he nacido para el estudio* (Le sobraba razón.) *me siento más inclinado a la vida sedentaria del campo.* (¡Embustero!) *Sé que tiene usted, don Germes, dos hijas, una de las cuales conozco por haberla visto en esta ciudad y deducido por el tipo… ¿No me creería usted digno de darme la mano de una de ellas?*

Don Germes recapacitó: hijo de mi pobre hermano, joven y dispuesto a ser para mí un poderoso apoyo, ¿qué más puedo desear para Ana?

Y puesto de acuerdo con doña Tecla determinaron aceptar la proposición de Mauricio.

Ya sabemos cómo recibió Ana la determinación y con más razón después de recibir la carta de Valentina. Germes y Tecla vivían completamente ignorantes de la mala conducta de Mauricio, de otro modo jamás hubieran accedido a aquel enlace.

Mauricio, por su parte, era muy hipócrita y solapado y solo fija su idea en las riquezas de su tío, trató de aprovecharse de ellas por medio de aquella boda.

La familia de don Germes y de Juan eran amigos íntimos. Jamás hubo fiesta ni alegría de Germes de la que no disfrutase Juan, quedando a la recíproca.

Cuando la familia de Germes pactó el casamiento de Ana y esperaba a Mauricio de un momento a otro, era Claudio un mozo cabal de 20 años.

Consecuente con el horóscopo de Gedeón Haro, su carácter era triste y retraído. Vivía entregado a sus estudios y a sus libros, frecuentaba los sitios más solitarios y muy pocas veces concurría con amigos a diversiones, ni visitaba a nadie.

Su mayor encanto eran la meditación y la escultura.

En cuanto a sus fealdades se habían acentuado más. Era bajo de cuerpo, ancho de hombros, grande de cabeza y torcido de pies. En B… le llamaban algunos: *el monstruo*; otros más compasivos le conocían por "el pobre Claudio"; María lo idolatraba cada vez más; Gedeón era su más íntimo amigo y Juan como siempre indiferente.

Una mañana con el alba, salió Claudio de su casa con un libro bajo el brazo y emprendió su acostumbrado paseo matinal. Esa mañana la casualidad dirigió sus pasos por un sitio no acostumbrado por él: hacia las afueras del pueblo y por detrás de las tapias de una casa. Llegó a una gran piedra situada a la sombra de un árbol cercano a la casa, sentóse en la piedra, abrió el libro y se puso a leer.

En la casa todo parecía dormir y Claudio leía con avidez a Michelet.[77] La lectura había llegado al siguiente pasaje:

"... ama a una mujer abnegada y amante que te adore de todo corazón en la incertidumbre de tu destino y en la audaz inventiva de tus valerosos pensamientos..."

En aquel momento un sonido que se produjo le hizo alzar la vista del libro.

Era una ventana que se abría, cuya baranda estaba llena de macetas de flores: tras aquella ventana y entre aquellas flores apareció una mujer.

Aquella mujer era Ana; aquella casa era la de Germes.

Claudio quedó inmóvil en actitud contemplativa, con la mirada fija en Ana.

Luego Ana desapareció, el libro se deslizó de las manos de Claudio hasta el suelo y dos lagrimas surcaron su rostro.

---

[77] Jules Michelet (1798-1874). Historiador y filósofo francés.

¿Qué pasaba en su alma? ¿Qué pensamientos se agitaban en su mente? ¡Ah! ¡Arrojad la semilla en el terreno fecundo y germinará la planta!

Al día siguiente la aurora sorprendió en aquel mismo sitio a Claudio; pero esta vez, cuando sintió abrirse la ventana, se escondió tras el árbol e impunemente y sin ser notado, vio cómo Ana regaba sus flores.

Capítulo V

T...E...A...

La conducta de Claudio era sospechosa, cualquiera, el menos suspicaz tal vez hubiera notado que una preocupación iba poco a poco embargando su habitual indiferencia.

¿Sería tal vez alguna *monstruosa* pasión que le dominaba? ¿Alguna maquinación *horrible* y criminal que le absorbía? Siendo tan *feo*, ¿habrían de ser bellas sus meditaciones?

En el bolsillo de la levita de Claudio había una cartera, un libro de memorias.

Vamos a tomarnos la libertad de abrirlo y ojearlo.

Hay escritas en él sin concierto ni métodos, frases y pensamientos, notas y observaciones.

Tal vez su lectura nos franquee el alma de Claudio: veamos indiscretos y leamos.

...¡qué amargas deben ser las lágrimas del hambre! El mendigo que hallé extenuado y me alargó vacilante su mano en demanda de una limosna, me dijo: Mi hijo se muere sin pan y sin abrigo. ¡Qué feliz debió ser con el abrigo que quité de mis hombros y eché sobre los suyos...!

...La delicadeza de Alfonso Karr[78], me seduce:-La mujer es como el sándalo; perfuma el hacha que la hiere.

---

[78] Jean-Baptiste Alfonse Karr (1808-1890), novelista romántico francés.

…hoy he sufrido mucho: una turba de jóvenes y señoras me miraron al pasar y soltaron una estrepitosa carcajada. ¿Qué daño les he hecho yo para que destilen cicuta en mi alma? Me resigno a padecer tales sonrojos; ha dicho no sé quién- que el río mientras más profundo, aparece más sereno.

…He visto morir al sol y aparecer tras él la efímera Véspero[79] ¡cuán pequeños somos!

…¿Por qué me dirá Gedeón que el amor nos redime?

… Es la quinta vez que la veo ¡Dios, mío! ¡Qué sonrisa tan dulce! ¡Qué expresión tan indefinible!

…No; yo no diré jamás lo que siento; se reirían de mí. ¿Acaso sé yo mismo lo que me perturba? No me lo puedo explicar, pero es algo dulce y doloroso a un mismo tiempo… y siempre ante mis ojos esa imagen llena de encantos…

De este modo al parecer están llenas muchas de las hojas de la cartera. Agrupando todas esas notas quizás pudiera obtenerse alguna revelación. Prosigamos: en esta hoja se halla una composición poética: ¡poeta! ¿Era Claudio poeta?... no es extraño, dicen que la poesía es un producto patológico, como la perla.

La composición tiene por epígrafe el siguiente: "A…" y dice así:

Nunca he sido feliz; siempre el destino
Puso ante mí, probando mi templanza,
Una gota de llanto en mi camino,
Una mancha de duda en mi esperanza.

---

[79] El planeta Venus como lucero de la tarde.

Siguiendo así mi horóscopo invariable
Hallo por fin en el dolor costumbre,
Cual raquítica planta miserable
Que vive oculta sin calor ni lumbre.
Los ecos del placer, jamás llegaron
A acariciar mi desventura tanta
Como jamás las auras destilaron
Rocío bienhechor sobre esa planta.
Tras un Edén de venturanzas lleno
Volando va mi espíritu, alma mía,
Con el tesoro que ocultó en mi seno
Mi tierno amor, mi siega idolatría.
¡Ave infeliz que de agostada selva
Voló contenta a tu jardín umbrío!
Así fui yo: permite que a ti vuelva
Toda la fe del pensamiento mío.
Dorada jaula apetecí a tu lado,
Eterno, inquebrantable cautiverio
Sólo a cambio de verte entusiasmado
Y loco idolatrarte en el misterio.
Yo te he hallado en la senda pedregosa
De mi vida infeliz, cual caminante
Que de súbito encuentra bulliciosa
Fuente a calmar su sed abrasadora.
Sé tú, mi bien, la mano hospitalaria
Que albergue dando a mi dolor y asilo
Contrarreste la duda y temeraria
Suerte implacable por la cual vacilo.

Después de esto, era imposible la duda: Claudio amaba.

Amaba sí: sentía en su organismo la influencia de esa chispa desconocida que con dedo tenaz y seguro desgarra tarde o temprano el velo de la inocencia de nuestra alma. Sentía la profunda herida de ese dardo que no se dispara y llega, que no silva y se siente, que no disgrega nuestros tejidos y penetra hasta el fondo de nuestro ser.

¡Pobre Claudio! ¡Raquítico, feo, espantoso y albergando en su corazón la crisálida del placer de un segundo y del dolor de una eternidad! Amaba sí: esa fuerza desconocida, ora atracción, ora sueño, ora ideal, ora locura le había esclavizado con sus lazos de esperanzas y caricias: influía en él y vagaba en su torno y cerraba sus párpados y arrancaba suspiros a su pecho. Vivía en él como en los labios de María amando a su hijo el Mártir del Gólgota; como en los lascivos brazos de la castellana de Magdalo[80], amando el último ídolo de su capricho; como en las arterias de Nelson[81] amando su patria; como en el cerebro de Newton[82] arrancando a la nube un huésped, para aposentarlo en una pila voltaica; amando a la ciencia. ¡Pobre Claudio! El azar había destilado en su corazón una gota de amor, tal vez una gota de plomo. El

---

[80] Nombre de un castillo, del cual procede el nombre de María Magdalena.
[81] Horacio Nelson (1758-1805). Primer vizconde Nelson, inglés, famoso por su participación en las guerras napoleónicas, sobre todo en la batalla Trafalgar, en la cual perdió la vida. Almirante de la Marina Británica y uno de los marinos más famosos de la historia.
[82] Isaac Newton (1643-1727), matemático, astrónomo y físico inglés. Describió la ley de la gravitación universal y estableció las bases de la mecánica clásica mediante la ley que lleva su nombre.

germen bullía, su fructifi-cación estaba cercana ¿qué le prometía? Tal vez un manzanillo como a Sélika[83]: tal vez lágrimas como a Beatriz[84]: tal vez la locura de la tos y el amargor de la sangre como a la dama de las Camelias.[85]

El amor, planta de bellos colores y suaves perfumes que oculta a veces en el ovario de sus flores el veneno de una existencia, había germinado para Claudio, como germina para todos. De su tosca vestidura anatómica, del conjunto de fealdades de su cuerpo, brotó, como en una roca el hongo, como en un muro el musgo, como en unas ruinas la parietaria. Nació de un burlesco molde, dulce como una bucólica de Meléndez[86], sonriente como una mañana de mayo, tímido como el primer beso de una doncella, pudoroso como la Valizneria[87] que

---

[83] Personaje de *L'Africaine*, última ópera de Giacomo Meyerbeeer (1791-1864), con libreto de Eugene Scribe (1791-1861). Sélika es la reina india enamorada de Vasco de Gama, la cual termina suicidándose con una planta venenosa al verse imposibilitada de poseer el amor anhelado.

[84] Beatriz Portinari (1266-1290), dama florentina idealizada por Dante Alighieri (1265-1321) en *La Vida Nueva* y en *La Divina Comedia*.

[85] *La Dama de las Camelias* (1848) es una novela de Alejandro Dumas, hijo (1824-1895). Pertenece a la transición entre el realismo y el romanticismo. Se inspira en la cortesana Marie Duplessis. En inglés lleva el tirulo de *Camille* y constituyó la base para la ópera de Giuseppe Verdi (1813-1901), *La Traviata* (1853).

[86] Juan Meléndez Valdés (1754-1817), poeta y jurista español famoso por sus bucólicas o poesías pastoriles.

[87] La Vallisneria es un género de planta acuática.

recibe las caricias del polen a la luz del sol y oculta vergonzosa sus meditaciones de madre en el fondo de las cristalinas aguas.

Su corazón sufrió una reacción; reacción súbita, profunda, inevitable y de aquel fenómeno de química moral se precipitaron en su torno sueños, besos, halagos y esperanzas.

Claudio amaba a Ana; no fue la casualidad lo que le llevó a las tapias de su casa, bajo la ventana de su aposento. Conocía a Ana desde hacía tiempo y vino a conocerse a sí mismo, vino a leer en el libro de su alma cuando oyó decir que ella iba a pertenecer a otro, que iba a ser la esposa de Mauricio. Entonces un acicate cruel le despertó y en la mañana de ese despertar, sacudió su cabeza aún sopotada y restregando sus ojos aún somnolientos, exclamó tembloroso —¡La amo!

Aquellas nuevas sensaciones tomando plaza en su ser, le hicieron más infeliz de lo que era. Contempló a Ana bellísima y llena de gracias: se contempló a sí mismo y no vio nada que pudiera despertar una pasión. Tenía en su cerebro ideas que valían un mundo, pero las ideas duermen escondidas en su crisol y no se ven, no se tocan, no se miden, como se mira, se toca y se mide una apostura elegante, un semblante gentil y una vestidura de seda. Albergaba en su corazón sentimientos buenos, caritativos y virtuosos, pero el corazón está velado tras una espesa capa de huesos y músculos y no hay cristal ni sonda que nos permita ver lo que en su fondo se agita. El, como Proudhon[88] y Serces[89] hubiera sacrificado en beneficio ajeno su propia vanagloria. El primero envió a Roma un rival suyo que sin esta ayuda no hubiera podido terminar sus estudios: él hubiera hecho lo mismo; el segundo, en un concurso de medicina en 1813, conociendo entre sus camaradas a un pobre inglés que se moría de hambre, se perjudicó en el examen, logrando con esto que el otro consiguiese a su costa una plaza de practicante en el hospital. Claudio le hubiera imitado. Pero el germen de tan nobles acciones no brilla como una mirada de unos ojos garzos y aunque Claudio poseyese todas esas virtudes, siempre su cabeza era un globo informe, su labio una cicatriz, sus piernas dos arcos y bajo su frente había mortecino y sin brillo un solo ojo.

Claudio tenía talento y comprendía todo esto. Sabía o creía que no lograría jamás hacerse amar por Ana. "Se reirían..." había escrito en sus memorias... Puede que no se equivocase.

---

[88] René François Armand (Sully) Prudhomme (1839-1907). Francés perteneciente al movimiento poético Parnasianismo. Premio Nobel de Literatura de 1901.
[89] Jaques Serces escribió un *Tratado de los milagros.*

Sin embargo, quizás sus meditaciones y sus secretos acabarías por traslucirse y llegaría al convencimiento de Ana el amor de Claudio. En vano trataríamos de ocultar a indiscretas miradas una columna de humo; lo mismo es el amor. Claudio había pensado insinuarse, pero cuando esta idea le asaltaba, se refrenaba con orgullo: sentía una daga clavada en su espíritu, pero no se la arrancaba por temor a ensanchar la herida. ¡Ah! pero él no era capaz de ocultar la columna de humo, quizás no podría él mismo ser suficiente para guardar su secreto.

Ana la primera vez que vio a Claudio lo hizo con la infantil curiosidad de un niño, más tarde acostumbrada a su presencia lo juzgaba con la frivolidad de una adolescente. Era un objeto que lo mismo podía inspirar un momento de compasión, que arrancar una carcajada de burla: es decir, siempre tras el sentimiento que inspirase, la humillación.

Si hemos de ser francos, Ana no veía en Claudio más que "un ser infeliz" y por más que sus cualidades y su educación la habían hecho tierna, amable y pensadora, jamás se ocupó de él... En sus lecturas conoció a Cuasimodo[90] y encontró algún parecido

---

[90] Cuasimodo es el jorobado de la Catedral de Notre Dame en la novela de Victor Hugo, *Notre Dame de Paris*.

entre él y Claudio. Una vez cayó en sus manos "L'Homme qui suit"[91] y la imagen del monstruo se representó a sus ojos.

¡Ah! ¡Si los que son felices supieran los tormentos de los que sufren, cuántas veces quedaría interrumpida una sonrisa por una lágrima! Si a Ana, joven, hermosa y en la edad en que se ama todo, le hubiera dicho una voz misteriosa "Claudio te ama", su vanidad se lo hubiese agradecido, sus ensueños de amor hubieran murmurado una frase de compasión.

Pero seamos consecuentes con el epígrafe de este capítulo y volvamos a nuestro relato.

Claudio acudía todas las mañanas al sitio desde donde podía ver a Ana regar las flores de su ventana y dar alimento a su ruiseñor.

Ana no le había aun sorprendido pues al punto que sentía ruido se ocultaba Claudio tras el árbol.

Una mañana, más temprano que nunca, casi de noche, llegó Claudio a aquel sitio.

Sacó de su bolsillo un pequeño instrumento cortante y un martillo.

Entonces eligió un sitio en la corteza del árbol y se puso a trabajar con ardor.

Una hora después se ocultó como de costumbre tras el árbol.

---

[91] *El hombre que sigue.*

Cuando Ana salió a su ventana, sonriente y fresca como una rosa húmeda de rocío, dilató su mirada por el campo y respiró con delicia el ambiente aromado de la mañana.

Su vista, con esa perezosa vaguedad que queda cuando se acaba de romper el sueño, todo lo miraba sin fijarse en nada.

Pero de pronto sus ojos quedaron inmóviles en la dirección del árbol que ocultaba a Claudio; había visto en el tronco del árbol grabada al relieve y perfectamente visible una letra. Aquella letra era una T.

Ana contempló largo rato la letra y luego haciendo un mohín de indiferencia desapareció.

Claudio suspiró y se perdió entre los árboles vecinos.

Al día siguiente cuando Ana dejó su lecho lo primero que hizo fue buscar la letra T. ¿Podrás creer lector que más de una vez al día y la noche anterior le había asaltado a la mente aquella letra? Esto no es extraño: el porqué de muchas cosas es para nosotros una necesidad.

Así, pues, su primer cuidado fue el tronco del árbol, pero... ¡Cuál no sería su extrañeza al ver al lado de la T y de la misma dimensión una E!

Aquello era muy raro, sumamente misterioso. ¿Qué indicaban aquellas dos letras, mejor dicho aquella sílaba? ¡T. E. podía decir tantas cosas!

El ave de la curiosidad, batió en torno e Ana sus tenaces alas.

Quedóse meditabunda contemplando las dos letras y entonces pudo hacer una observación. Estas no estaban talladas en el centro del tronco sino hacia el lado izquierdo; es decir, de la mano que las había trazado intentaba grabar otras letras.

Ana se retiró de la ventana con esta idea. Al siguiente día, pudo ver que su observación era exacta: junto a la T. y la E. había una A.

¡T.E.A!... Convengamos lector en que si Ana se hubiera desesperado de curiosidad no hubiera sido frágil por eso: a todos nos hubiera pasado lo mismo.

Capítulo VI

...M... ¡Ah!

Todo el día que siguió a la aparición de la A, Ana no reposó un momento.

Es indudable que lo desconocido tiene encantos: la curiosidad pone también su piedra en el edificio de la ciencia, por eso ¡cuántos han dedicado su vida a un jeroglífico egipcio!

Desde el momento en que no sabemos un porqué; ya nos seduce y nos preocupa; queremos indagarlo anhelosos y con afán.

Ana, pues, meditó mucho sobre aquellas tres letras.

En primer lugar: ¿quién las escribiría? A esta pregunta no podía contestarse Ana. En segundo lugar, era lógico suponer que si se escribían era para que fuesen leídas. ¿Y por quién?

–En esa parte de la casa –pensaba Ana– no hay más ventanas que la de mi habitación, luego esas letras se escriben para que yo las lea.

Esto era muy raro y en verdad que la pobre niña hubiera sufrido un desengaño si alguien hubiera dicho que el misterioso autor de las letras no las grababa para que ellas las leyese.

–¿Pero qué significa T. E. A? –se preguntaba– ¿Dicen simplemente "tea" o falta alguna letra más? ¡Tantas palabras empiezan por "tea"! Si después de la A, viese aparecer una M... entonces... casi, casi me atrevería a pensar que la mano que traza esa extraña frase quiere escribir T.E. A.M..O...

Ante esta idea latió vivamente el corazón de Ana y suspiró. La brisa al pasar por entre las cuerdas de un arpa, les arranca suaves sonidos; así también aquella ideal, sólo aquella idea, bastó para impresionar a Ana y arrancarle suspiros de amor, que aunque sin objeto determinado, era siempre amor.

Si Ana hubiera conocido mejor las leyes del raciocinio y como Balmes[92] hubiese dominado el silogismo y como Edgardo Poe[93] la deducción, hubiera muy fácilmente encontrado la mano causante de su curiosidad.

En efecto: para grabar en la madera del árbol aquella frase en embrión, con aquella perfección era menester ser hábil en el tallado, luego quien la hizo era artista. El pueblo de B... era pequeño y, por lo tanto, las aptitudes más o menos notables de todos los vecinos eran conocidas por todos. ¿Quién poseía

---

[92] Jaime Balmes (1810-1848), sacerdote español, famoso en la apologética.
[93] Edgar Allan Poe (1809-1849), cuentista y poeta estadounidense.

en B... aquel arte?... El autor del San Antonio de la Iglesia, tallado en madera; el autor de las cornisas de la fachada de la casa consistorial del pueblo hechas de granito; el autor del Neptuno de la fuente de la Alameda, labrado en mármol... esto es; Claudio, luego el ovillo de aquel hijo era el monstruo; luego el autor del misterioso T.E.A. era Claudio.

Pero Ana no reaccionaba de este modo: el corazón no es tan frío como la cabeza para dar solución a ciertos problemas y la encantadora niña sólo ponía en juego su corazón.

Ello es, que Ana esperaba impaciente la aparición de la M. y de la O. ¡Te amo!... ¡te amo!... ¡Cuánta dulzura en tan breve frase! La pobre niña era víctima de la más profunda preocupación. Pero, pasó un día y otro y otro y luego seis, sin que volviesen a aparecer nuevas letras en el árbol y en tanto, todas las mañanas, las buscaba Ana con avidez. Casi estaba triste, casi pudiésemos decir al contemplar su aspecto meditabundo que habíase convertido para ella en una necesidad, el árbol, las letras y su incógnito autor.

¡Ah! Claudio tenía talento: había comenzado por despertar la curiosidad de Ana. ¡Quién sabe si ésta es muchas veces la palabra piedra del edificio del amor! Luego, cuando estaba cercano ya el momento de satisfacer esa curiosidad, habíala dejado en suspenso. El incentivo continuaba, la piedra de toque era admirable, el resorte era magnífico. El pobre monstruo se consolaba y hasta sentía orgullo en ser la preocupación de Ana, por más que ésta lo ignorase. Él había logrado que meditase, que anhelase por su causa: ¿lograría que amase también por su causa? ¡Oh! ¡Cuánta felicidad para el pobre desheredado! ¡Quién puede descifrar los teoremas de esa ecuación que se llama corazón!

Pero escuchad lo que sucedió un día. El ruiseñor que con tanto cariño cuidaba Ana, pagó sus caricias con la más negra ingratitud: halló un alambre cómplice a sus planes y deslizando su plumoso cuerpecito fuera de la jaula huyó para siempre.

Al conocer Ana su desgracia, lloró, apoyada tristemente en el alféizar de su ventana.

Claudio desde su escondite vio aquellas lágrimas y sintió una cosa indefinible. Tú que tienes sobrada experiencia, lector amable, te explicarás esta sensación: ¡lágrimas de mujer y lágrimas de mujer amada!

La casualidad eslabona los hechos, mucho mejor que la imaginación de los novelistas; una casualidad, pues, hizo que el árbol que conocemos hubiese escondido en una de las ramas más altas un nido de ruiseñores. Claudio se apercibió de ello por el débil piar de los polluelos y tuvo una idea.

Ana se retiró de la ventana y entonces con agilidad de un cuadrúmano escaló el árbol de Claudio.

Pero Ana, que de nuevo volvía a contemplar la jaula vacía, lo vio y quedó inmóvil de sorpresa.

Todo lo comprendió: era Claudio, sí, era Claudio el autor de las letras.

En tanto el monstruo llegó a las ultimas ramas y montóse en una de ellas sin apercibirse de que era blanco de las miradas de la mujer que amaba, sin notar que había sido verdaderamente cogido *in fraganti*.[94]

El nido estaba colocado aún más alto y en un agujero abierto en otra rama de árbol. Alargó cuanto pudo el brazo izquierdo e introdujo la mano por aquel orificio hasta tocar el nido.

En aquel momento su corazón latía vivamente: tenía en sus manos tres pequeños ruiseñores que se agitaban temerosos entre sus dedos.

Pero Claudio no contó con una circunstancia que pudo ser funesta. Al salir a sacar la mano del agujero, no lo pudo lograr. Hizo esfuerzos, pero inútilmente; estaba cogido como un cepo de hierro, como una trampa hábilmente urdida.

---

[94] Se aplica a lo que flagra o brilla. Por extensión se refiere a las acciones que se ejecutan en el momento del que se habla, particularmente los delitos que el autor de los mismos está cometiendo en el momento de ser sorprendido.

Lo que sucedía era muy sencillo: ¿conocéis el célebre Caballo de Bronce fatal para las golondrinas ribereñas de Manzanares? Pues bien, una cosa parecida era aquel agujero. Su boca estrecha al exterior y ancha por dentro, deba fácil entrada a la mano siendo el sacarla difícil, si no imposible.

Claudio desde el primer momento comprendió toda la importancia del peligro, y pugnó vigorosamente por sacar la mano. Con aquellos esfuerzos no logró más que herirse cruelmente la muñeca que empezó a manar sangre.

El pobre joven se agitaba impaciente, se removía contrariado, tiraba con decisión y la mano implantada como un parásito no adelantaba una línea.

Aquello era insostenible. Claudio tenía su mano presa al árbol y su espíritu preso en el nido.

Entonces sucedió lo que era lógico: la rama que servía de asiento al joven se dobló bajo su peso y en un instante después se desgajó con estrépito cayendo al pie del árbol y dejándole colgado de una mano.

¡Horrible situación que no podía prolongarse un minuto!

En tanto, Ana, estática de asombro le contemplaba con ojos estupefactos.

Suspendido a tanta altura y en aquella indescriptible situación, el destino del monstruo era dudoso. Un agudísimo dolor embargaba todos sus miembros desfalleciéndolos y en su pálido semblante salpicado de la sangre que corría de su mano, su único ojo parecía querer saltar de la órbita.

Al fin la fatiga le rindió y dejando de forcejear, se elastizó su cuerpo por su propio peso. Su mano se puso cárdena, su cara se tornó azulada y sus labios secos y los crujidos de la articulación de su brazo parecían presagiar la llegada del sincope, heraldo tal vez de la muerte.

Entonces una idea horrible, espantosa, inconcebible asaltó la mente del monstruo.

Sin detenerse un instante, sin meditar un segundo, tomó una resolución, valerosa, inmensa.

Llevó la mano derecha al bolsillo del pantalón y sacando un cortaplumas grande de que se valía para sus trabajos, lo abrió ayudándose de los dientes. Lo apretó convulsivamente con su mano derecha y... empezó con desesperado ahínco a cortarse la mano izquierda, presa en el agujero.

Ana lanzó un ¡ah! indefinible y cayó inerte en el pavimento de su cuarto.

Claudio oyó aquel grito, volvió la cabeza vivamente, comprendió que había sido observado y por un inexplicable fenómeno psicológico, se vio rápidamente más antipático a los ojos de su amada con una nueva deformidad y arrojó lejos de sí el cuchillo horrorizado de sí mismo.

Entonces con nuevo brío forcejeó desesperado y después de agitarse en dolorosas convulsiones logró alcanzar con su mano derecha la misma rama que estaba pendiente: gravitó en ella con todas las fuerzas de su débil organismo y al fin la rama se rompió cayendo el infeliz a los pies del árbol con la rama tronchada que aún le oprimía como férreo anillo su mano mutilada.

¡Sócrates bebiendo la cicuta[95], el herido francés que en el campo de batalla mata de un tiro al cirujano prusiano que restañaba su herida, Churruca[96] sin piernas dirigiendo el combate en un tonel de harina, vosotros todos héroes de inmarcesible gloria, dad paso franco a mi desvalido monstruo, dejadle penetrar con su martirio en vuestro inmortal paraninfo[97]!

En aquel ser excepcional todo era espíritu, porque es menester ser sólo espíritu para esgrimir con estoica indiferencia el arma en contra de la materia, de esa materia tejida de nervios y preñada de sensibilidad. Aquel rasgo heroico, para él mismo sin importancia, concebido en un solo instante, era para él quizás… una medida pronta y segura de salir de un compromiso.

---

[95] Veneno con el cual se le condenó a morir.
[96] Cosme Damián Churruca (1761-1805), militar español que se distinguió en la batalla de Trafalgar, en la cual encontró la muerte.
[97] Salón de actos académicos en algunas universidades.

¡Ah!, los vaticinios de Gedeón Haro comenzaban a realizarse,

Claudio reposó un momento, luego buscó entre la maleza el cortaplumas y cortando la madera de la rama sacó su mano ya deformadas por las heridas y la hinchazón.

Luego cogió el nido, envolviólo en su pañuelo y elevándose cuanto pudo lo lanzó por la ventana al cuarto de Ana.

Entonces vaciló, temió perder el sentido, pero haciendo un supremo esfuerzo, oprimiendo su mano izquierda contra su cuerpo se alejó de aquel sitio.

Capítulo VII

Bálsamo del alma

–Malo, malo, malo –exclamaba el doctor Gedeón Haro, haciendo la primera cura a Claudio. La herida no es tan insignificante como parece. Esto es incomprensible. ¿Dices que al saltar la zanja caíste sobre el cuchillo? Pues hijo mío, te confieso ingenuamente que estoy dudando de tu relación. ¿Cómo es posible? Una herida incisa no presenta estos caracteres: aquí hay contusión. Sí, mira, mira fíjate en el magullamiento de los tejidos que rodean la muñeca, en esa tendencia a desunirse los bordes de la herida ya de suyo desiguales. En fin, con tal de que no haya habido pérdida de sinovia, pero ¡oh!... esto es raro, ...esto parece intencional.

Claudio había mentido por primera vez en su vida. Atribuyo su herida a un accidente casual, aún en el peligro de que Ana no tuviese la misma reserva. Era lógico pensar que esta haría un secreto de la escena del nido.

El herido guardó cama y sus lesiones adquirieron proporciones alarmantes. Gedeón las calificó así: herida penetrante de la articulación de la muñeca con hidartrosis[98] aguda consecutiva.

Varias veces le embargó el delirio y durante esas largas noches que transcurren insensibles para un enfermo deliroso, Gedeón lo veló incansable y María no durmió un instante.

Las palabras incoherentes que pronunciaba el herido llamaron vivamente la atención de Gedeón: con aquella viveza de imaginación del hombre habituado al estudio, sospechó los combates que rugían en el alma de su protegido.

Si decía éste una noche –desvanece mis dudas, ¿por qué palideciste si no me amas?... ¡Cuán necio soy! Vendrá, sí vendrá… ¡miserable!...vas a hurtarme el único bien que tengo sobre la tierra… ¡huye, huye!

En otra ocasión, Juan dedicó a su burla, a su desdichado engendro algunas horas y sentado a su cabecera le contemplaba tristemente.

Este fijó su irritado ojo en su padre, trató de incorporarse en el lecho y dejó vagar en su semblante una sonrisa.

La expresión de Claudio era espantosa, no es posible dibujar tanta fealdad. Juan, pálido como un muerto, sintió que su hijo le tomaba una mano,

---

[98] Colección de serosidades en una cavidad articular, generalmente secundaria en una enfermedad de la articulación.

se la oprimía fuertemente y estampaba en ella un beso.

—Oídme —murmuró en voz baja—. Oídme, padre: si fuera hija vuestra, si fuera vuestra solamente la felicidad inocente que ella esparce... ¿qué haríais?... No respondéis: ¿qué haríais?, os pregunto.

A una indicación de Gedeón, Juan comprendió que su hijo deliraba.

—¿No lo sabéis?...se comprende... ¡No, yo, yo lo sé! ¡Idos en horamala, miserable raquítico! Buscad una bruja que os comprenda... ¡Ja...ja...ja...ja!...

En el alma de Juan, pasó algo extraño: sin comprender el verdadero sentido de las palabras de su hijo, conoció que estas envolvían una sangrienta burla de sí mismo; pensó que alguien pudiera proferir aquellas palabras de Claudio; le vio objeto de una sátira mordaz y... ¡oh! ¡Incomprensible corazón humano! Por un movimiento automático se irguió rápidamente herido en su orgullo. Era su hijo y aquel desprecio caía sobre él; era su propia obra y algo instintivo le decía que era él mismo... tal vez el orgullo iba logrando, lo que el impulso espontáneo de la naturaleza no pudo lograr.

Juan se inclinó sobre su hijo lentamente y le besó en la frente... un minuto después el desheredado dormía dulcemente.

Arecibo, 1878
Junio, 7

Colección
Serie Miguel Guerra Mondragón

Made in the USA
Monee, IL
23 June 2023

36776318R00069